やせたいなんて
ひと言も
いってないのに
やせた

1分

ねじれ筋のばし

今村匡子

サンマーク出版

腰痛治療のために
行ったのに、
なぜかやせると
評判の整骨院があった。

しかも落ちるのは
脂肪ばかりで、
リバウンドもしないという。

ある日職場で先輩たちが……
なんか、年々やせにくくなるよね
ほんと、昔はちょっと食べなきゃ簡単に体重落ちたのに
ねー
えー
私はそれ30代前半までかな～
いろんなことが通用しなくなるよね化粧品もだけど
いや、
でも、いくらやせてもDさんみたいになるのはちょっとね…
ほんとそれ！
1か月で5kg落としたって自慢してたけど、病気になったのかと思った！
しかも顔がたるんで
Dさん
のどがシワシワで
ニワトリ？
肌もヤバかったわ…
カサカサだった
ジムで筋トレしまくって夕食はプロテインとサプリだったらしいよ
ムリー

〝やせたご褒美〟とかいっておいしいもの食べたら、すぐリバウンドしたみたい
えー
やだー
わかりみが深い…
でも私は…
…
吐き気がするほど肩こりがひどくて
仕事も家事もしんどすぎ…
ツラ…
help me…
整骨院に駆け込んだのは2か月前――
とっても元気な先生で
ピカーーッ
肩こりだけでなく腰痛まで解消!
せんせーパワスポ!!
今村匡子　院長
それだけでも十分すごいのに…
なぜかウエストと太ももが細くなって…
入らなかったスキニーデニムがスルッとはけるように!
えーっうそみたい♥
しかも体重をはかったら
おそるおそる
3kg減!!
いつもどおり、いや、それ以上に食べているはずなのに!
私もここ数年でやせにくくなっているのに!!
5200 kg

そこで先生に尋ねてみると…
それはズバリ1分ねじれ筋のばしの力やね！
体の奥にある筋肉をねじってのばす。その動きに脂肪をガンガン燃やしてくれるミトコンドリアを増やす効果があんねん
ミミッミトコンドリア!?
仕事にしても家事にしても、やりだしたら無限にあるやろ？
せんせいミトコンドリアは…
おつかれ無限ループ
体形が気になっても運動する余裕なんて0《ゼロ》…
…で、ちょっと時間が取れてもボロボロに疲れてるし動く気力も湧かないから回復のために寝る
バタンキュー
が、しかーし!!
これが関節を動きにくくしていくねん
体、昔よりも硬なってない？
よくわからないけど…
いつものばしてもらうやつは気持ちいいです！

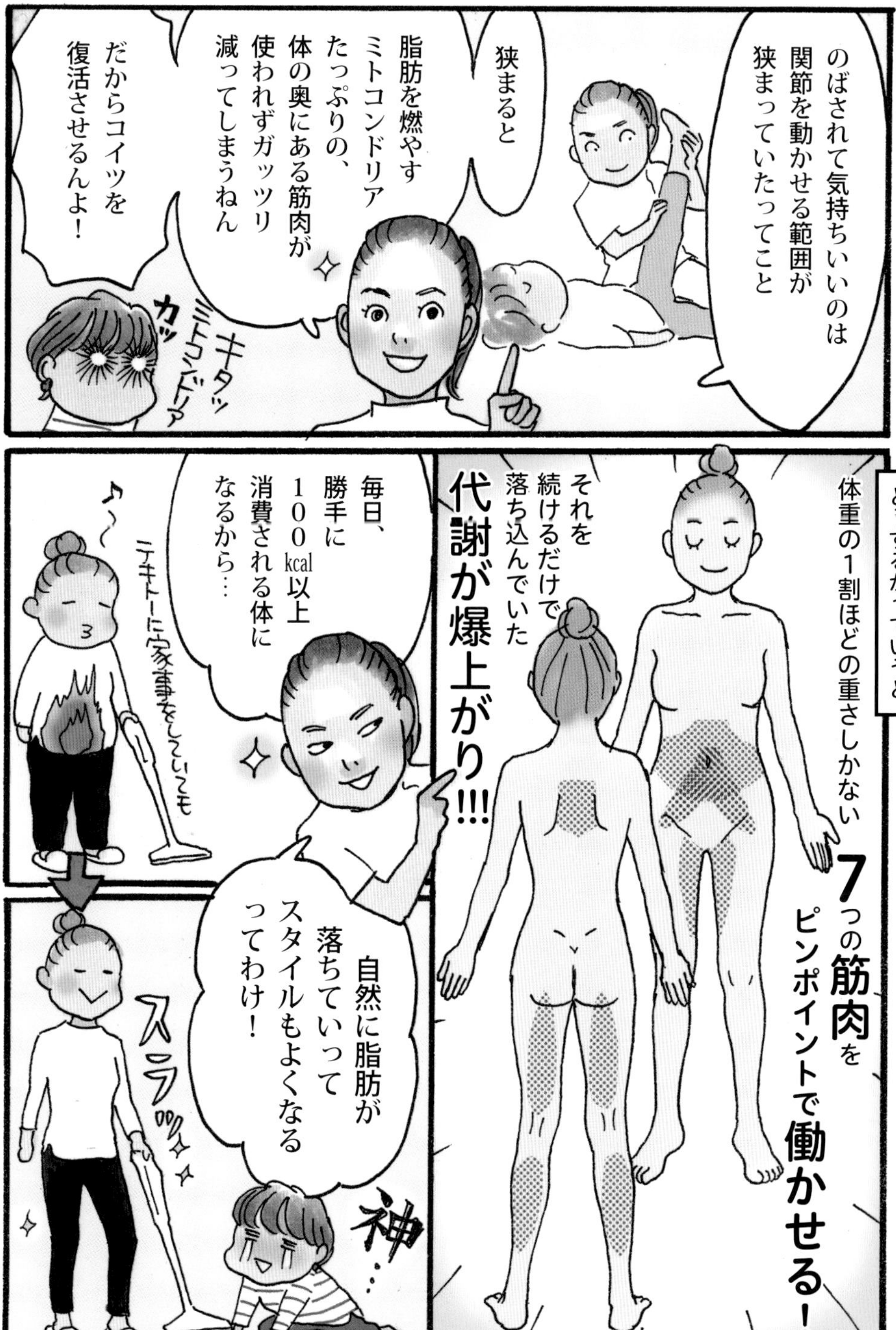
のばされて気持ちいいのは関節を動かせる範囲が狭まっていたってこと
狭まると
脂肪を燃やすミトコンドリアたっぷりの、体の奥にある筋肉が使われずガッツリ減ってしまうねん
だからコイツを復活させるんよ！
キタッミトコンドリア
カッ
どうするかっていうと
体重の1割ほどの重さしかない7つの筋肉をピンポイントで働かせる！
それを続けるだけで落ち込んでいた代謝が爆上がり!!!
毎日、勝手に100kcal以上消費される体になるから…
♪〜
テキトーに家事をしていても
自然に脂肪が落ちていってスタイルもよくなるってわけ！
スラッ
神…

週1で整骨院に通ったらやせたのはそういうことだったのか…
おそるべし
これのいい点はいつの間にか脂肪が減るところで…
ある程度歳を重ねた人が一気に体重を落とすと筋肉が落ちてリバウンドしやすい体になるだけでなく、のびていた皮膚が体形の変化に追いつかずシワやたるみの原因に！
職場にそういう人いました…
その点1分ねじれ筋のばしならシワやたるみをおそれずきれいに脂肪を減らせるわけ♥
肌のハリ・ツヤKeep
理想的！
そうそう
私も一昨年、妊娠で10kg以上増えてやっぱ！と思ったんやけどこれやって脂肪がガッツリ落ちて体形が戻ったねん
ながらストレッチ
…それ、先生だからじゃないですか？
顔小さいし元ら太りにくそうだし…
不満
いやいやいや
それがやね7年前に管理職になったタイミングで結婚したいと思ってた彼にフラれて…
そのころの写真やけどなかなかやろ？
OH…
…

じつはこれ
40代や50代のやせなくなったと悩む大勢の人の脂肪をたっぷり落としてきた方法でもあるの
も〜〜
何してもやせないっ
まずウエストが細くなって
あれっ？
なんかスッキリ
脂肪がその人にとって無理のない範囲で落ちていくんやけど
減ってる〜
そこから10kg体重を落とした人もいれば
激変
服のサイズが3LからMになった人もいるし
ヒップのサイズが14cmほどダウンした人も…
ボリューミ〜
ぷりっ
え〜っ、すごすぎ!!!
それは極端な例やけど…
「服屋さんで試着が怖くなくなった！」とか
「ノースリーブが着られた♥」とか
うれしい声がいっぱい！
お似合いです！
店員さん
次のページからくわしく紹介していくので
1分ねじれ筋のばしをお試しください
イエッサー！
やる気満々!!

関節の動きが悪い人は驚くほどやせにくい

肩甲骨が動かない

■肩こりや猫背、四十肩に悩まされ分厚い背中や太い二の腕ができあがる

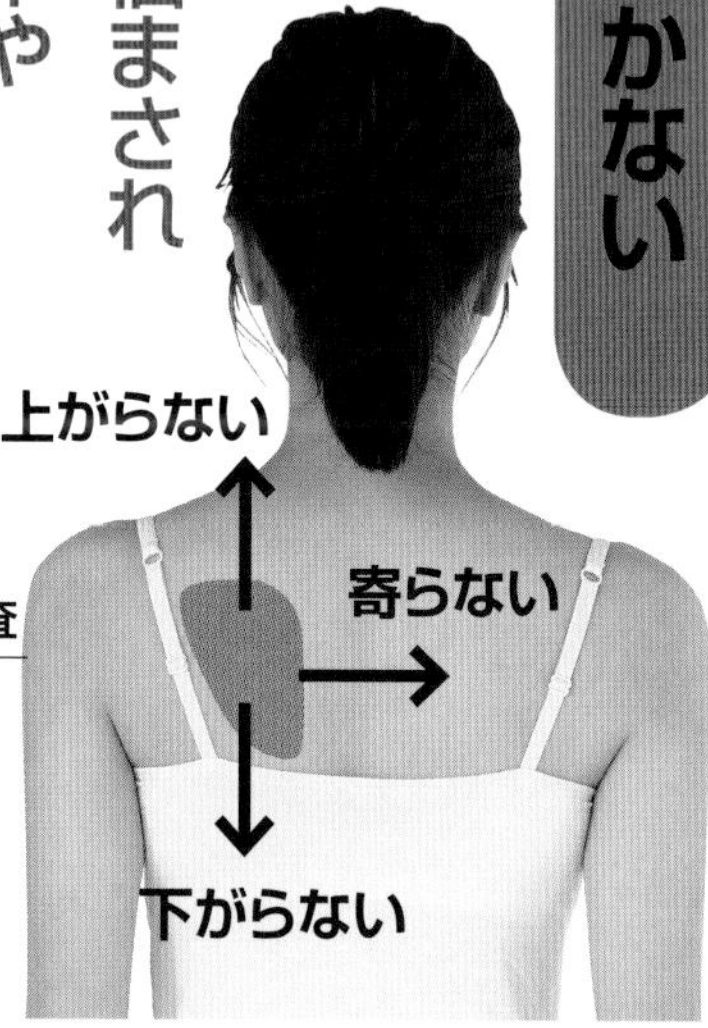

やせにくい人の肩甲骨可動域調査

一般的な可動域を100%とすると

■上げる　67.0%
■下げる　41.7%
■寄せる　50.0%

しか動かせない

やせにくさを実感されている30～40代を中心とした女性数十人の関節可動域を調査したところ、一般的な可動域を保てている動きと半分以下になってしまった動きとがはっきり分かれました。そして動きにくくなった部位では、脂肪を分解・消費してくれる強い味方、ミトコンドリアがたっぷり含まれた筋肉の多くが働けない状態に。つまり関節の動きが悪くなったことで、消費されていたはずのエネルギーを溜め込む一方の体になっていたのです。

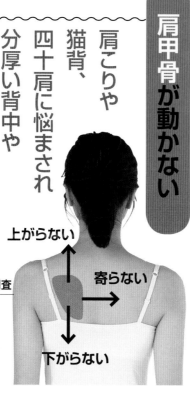

背骨が動かない

腰痛、肩こり、背中の痛みがあり
浮き輪のようなお腹まわりに

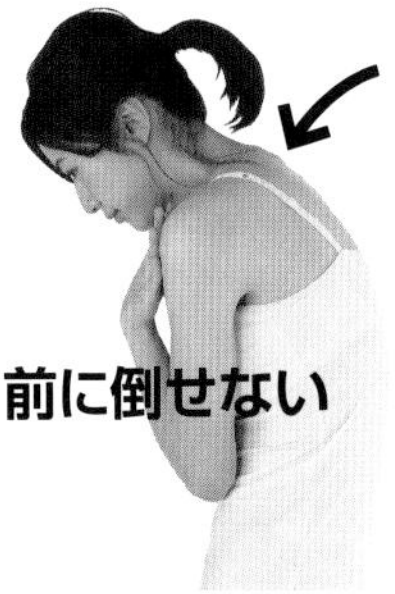
前に倒せない

横に曲がらない

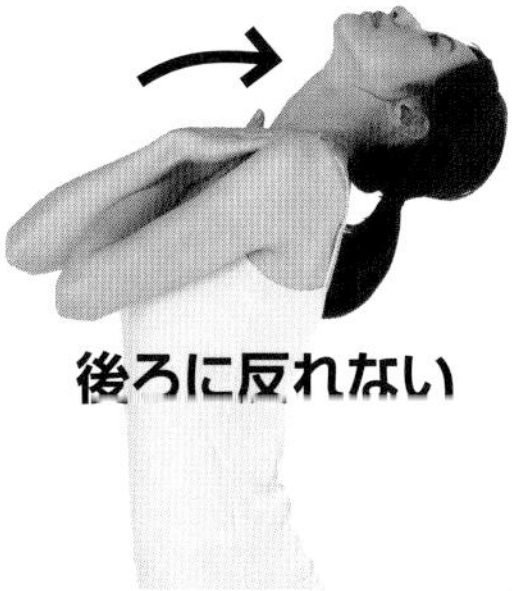
後ろに反れない

**やせにくい人の
体幹可動域調査**

一般的な可動域を
100%とすると

■横に曲げる　31.7%
■前に倒す　69.4%
■後ろに反らす　58.3%
しか動かせない

ある関節の動きが悪いだけでやせにくい体に…

これらの動きが楽にできない人は気をつけて…

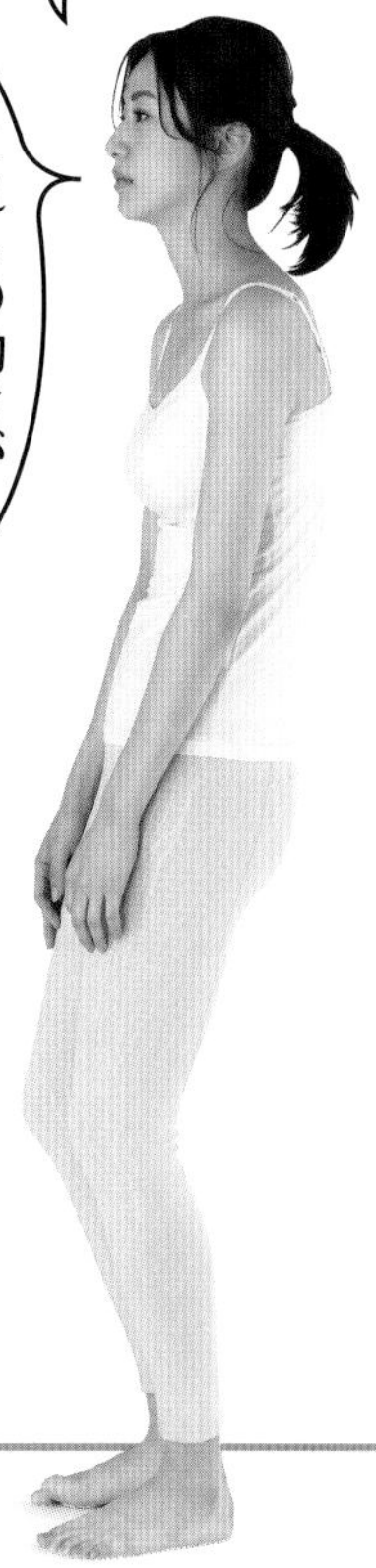

股関節が動かない

お尻が下がって
外ももはガッチリで
内ももには
セルライト

**やせにくい人の
股関節可動域調査**

一般的な可動域を
100%とすると

■内ひねり　55.6%
■外ひねり　42.6%
しか動かせない

外に
ひねれない

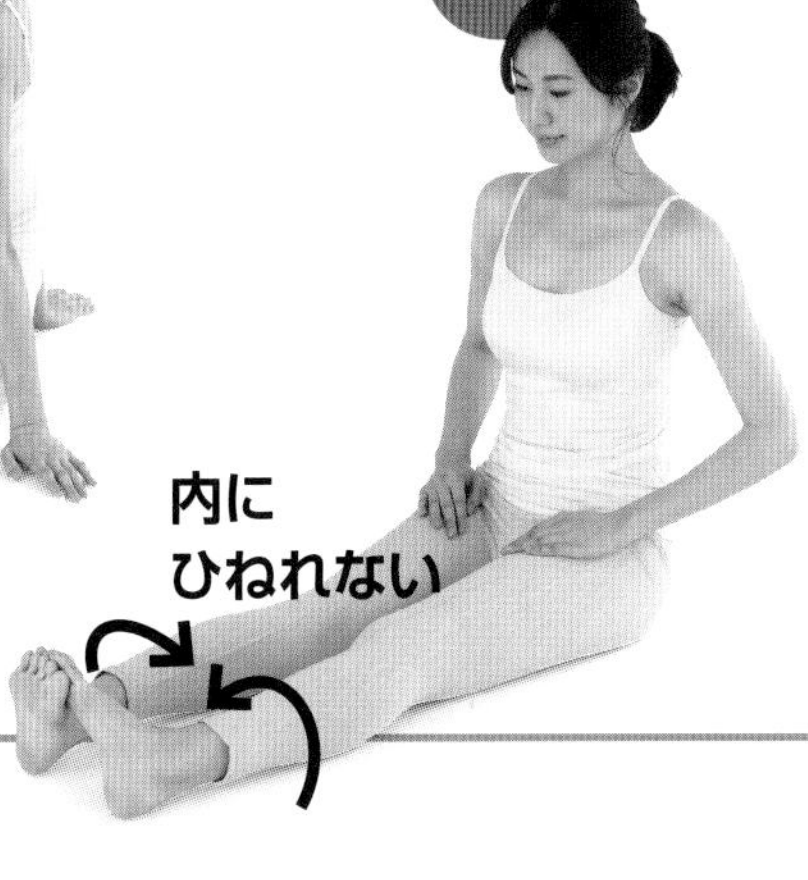
内に
ひねれない

1分ねじれ筋のばしで ミトコンドリアが復活。 勝手にやせる体に！

1分ねじれ筋のばし

❶腕ねじ胸のばし

腕をねじって体を外に向ける

のび～
のび～

❷脚ねじ裏のばし

脚を内にねじって
体を前に倒す

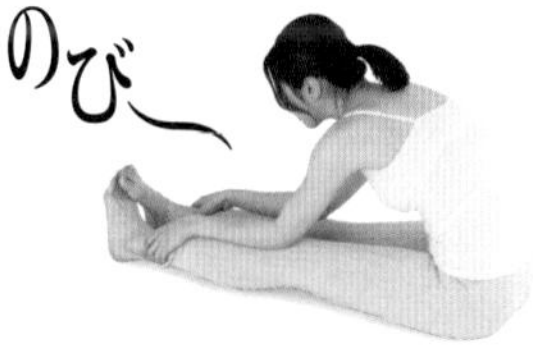
のび～

❸脚ねじ内のばし

脚を開いて外にねじり
体を前に倒す

のび～

❹ねじれ筋のばし

脚を前後に開き
上半身を反らす

のび～

❺腰ねじ脚戻し

両ひざを倒して
お腹を凹ませる力で脚を戻す

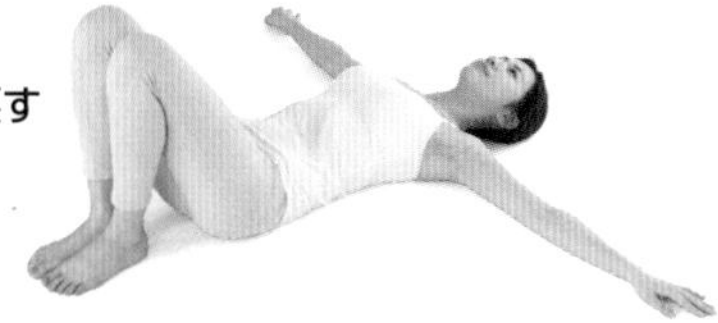

痛気持ちいいくらいのとこで
1分のばし続けるのが
いちばん効くやり方やで

たった1回の1分ねじれ筋のばしでエネルギー消費量は急上昇する！

歩くときは

- お腹の深部筋　226.0%
- 背中の筋肉　128.6%
- 内もも・お尻の筋肉　797.1%

まで **筋活動量がアップ**

立ち上がるときも

- お腹の深部筋　429.4%
- 背中の筋肉　191.1%
- 内もも・お尻の筋肉　670.0%

まで **筋活動量がアップ**

座りスマホだって

- お腹の深部筋　213.2%
- 背中の筋肉　140.9%
- 内もも・お尻の筋肉　259.9%

まで **筋活動量がアップ**

筋電計を使い、1分ねじれ筋のばしをする前と後でどれくらい筋活動が上がったかを計測

やせにくさを実感した人が挑戦！

みがちでも
ト −7cmを達成！

50代

Before

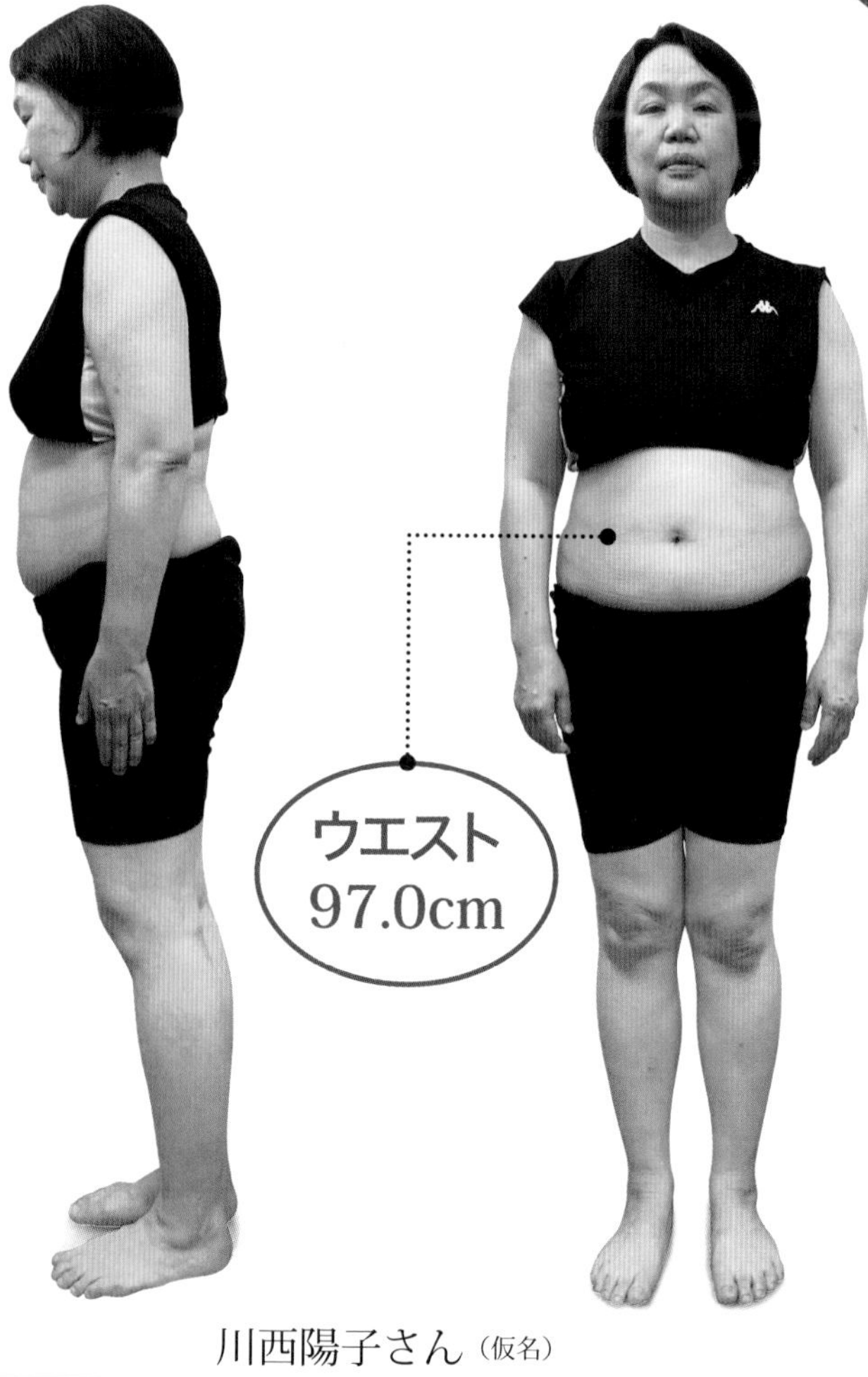

体重
69.2kg
体脂肪率
36.4%
ウエスト
97.0cm
2年前からはけなくなっていたパンツに脚が入った！

川西陽子さん（仮名）

55歳

やってみました！ 1分ねじれ筋のばし

更年期で苦し

体重10kg減、ウエ

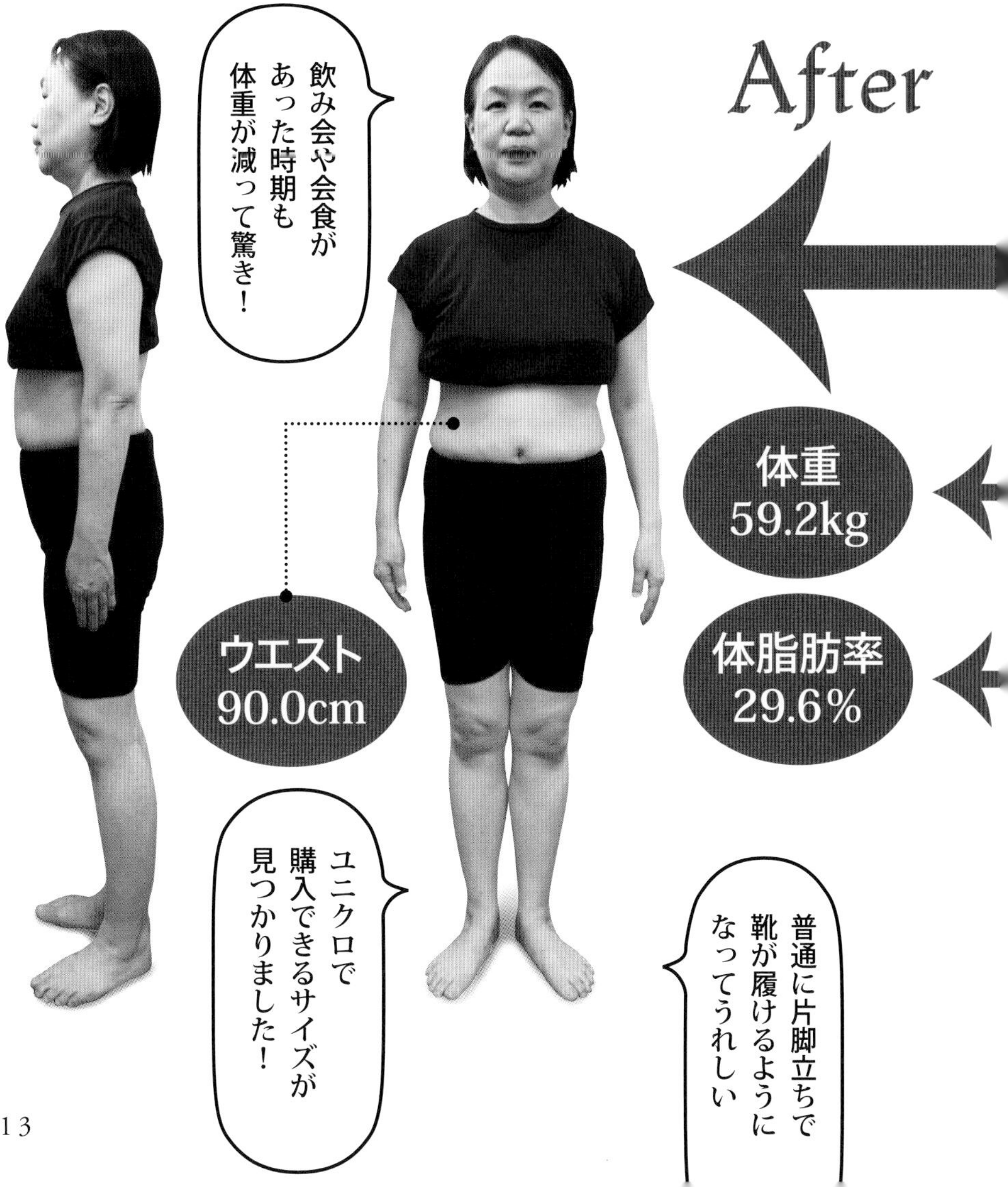
After
飲み会や会食があった時期も体重が減って驚き！
体重 59.2kg
ウエスト 90.0cm
体脂肪率 29.6%
ユニクロで購入できるサイズが見つかりました！
普通に片脚立ちで靴が履けるようになってうれしい

やってみました!
1分ねじれ筋のばし

「もう無理かも…」と思ってから体重5kg減、ウエスト－9cmを達成!

40代

山野美恵さん（仮名）

47歳

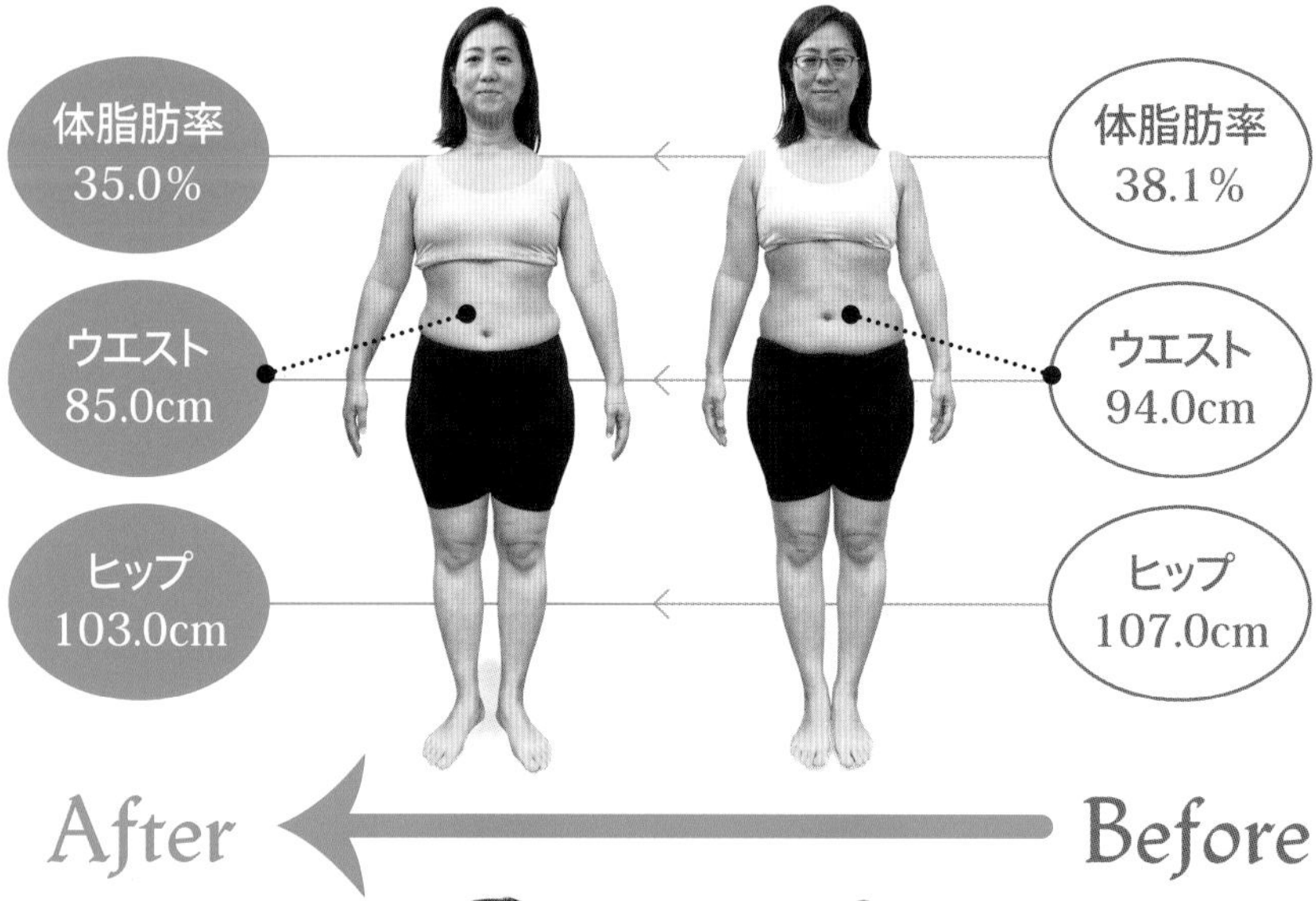

体脂肪率 35.0%
ウエスト 85.0cm
ヒップ 103.0cm
体脂肪率 38.1%
ウエスト 94.0cm
ヒップ 107.0cm
After
Before

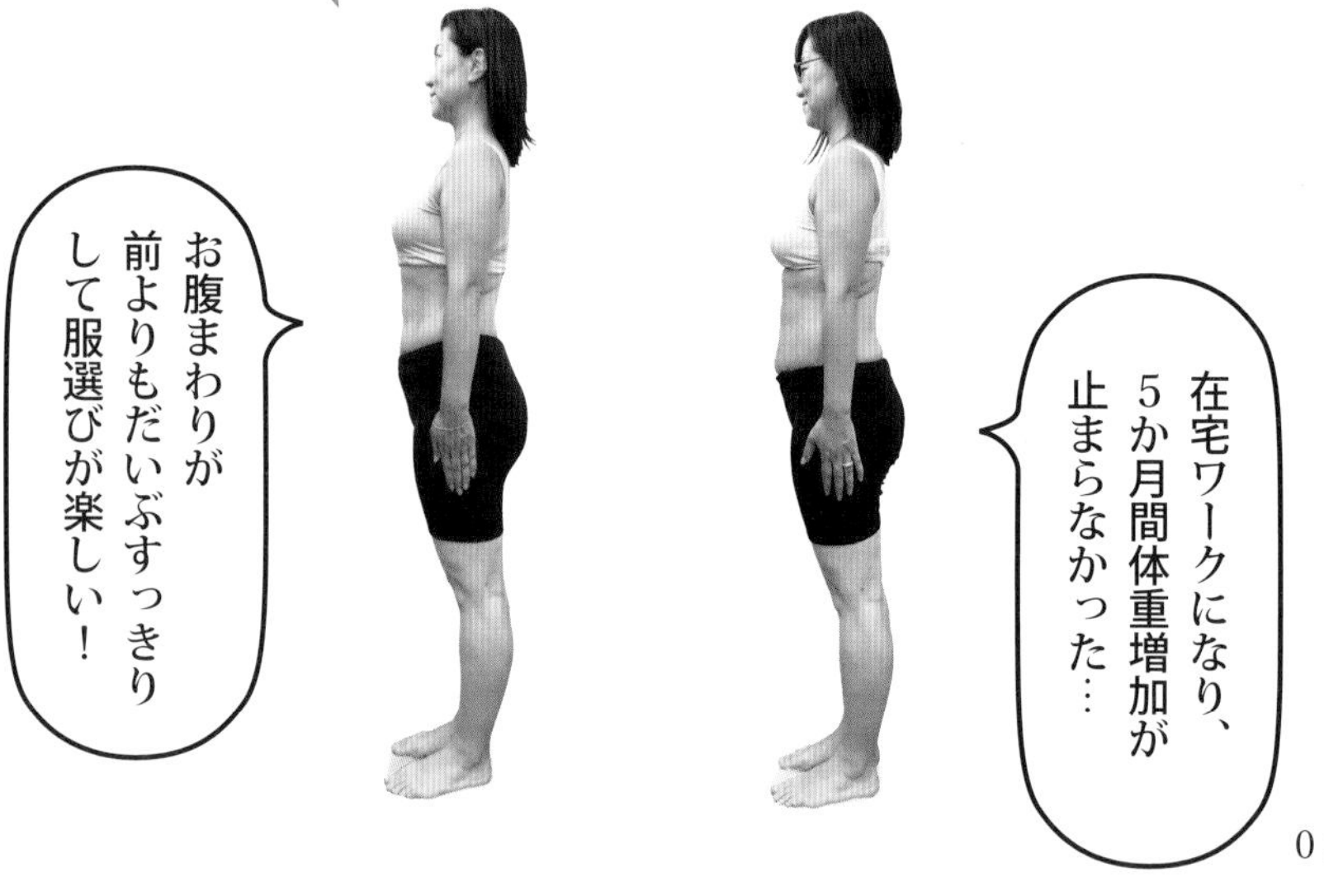

在宅ワークになり、5か月間体重増加が止まらなかった…
お腹まわりが前よりもだいぶすっきりして服選びが楽しい!

やってみました！
1分ねじれ筋のばし

30代

短期間でゆるく実践して
体重1.5kg減、ウエスト −7 cmを達成！

若木美里さん

34歳

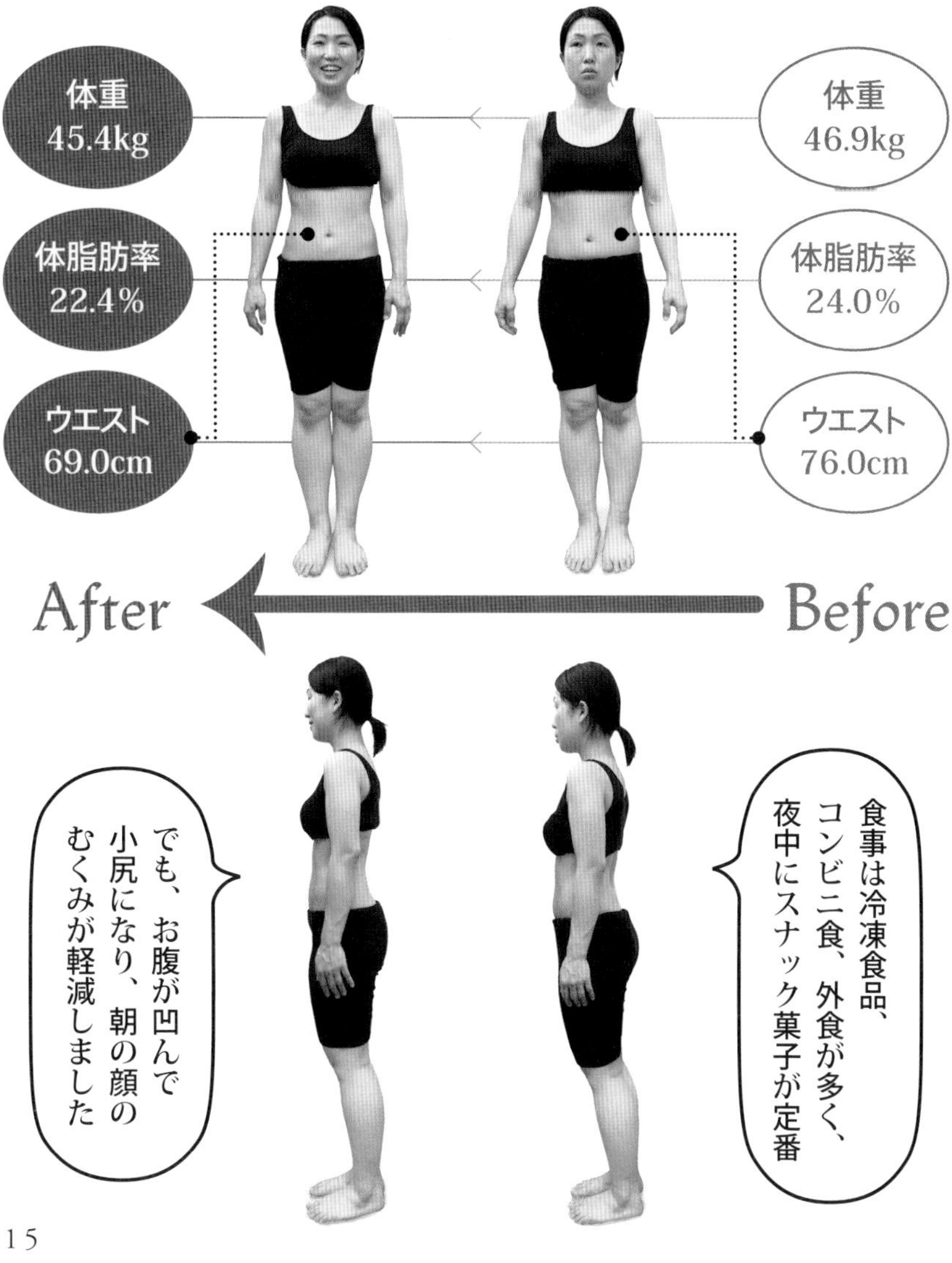
体重
45.4kg
体脂肪率
22.4%
ウエスト
69.0cm
体重
46.9kg
体脂肪率
24.0%
ウエスト
76.0cm
After
Before
食事は冷凍食品、コンビニ食、外食が多く、夜中にスナック菓子が定番
でも、お腹が凹んで小尻になり、朝の顔のむくみが軽減しました

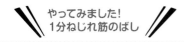

やってみました!
1分ねじれ筋のばし

運動ゼロ、お酒もいつもどおりで 体重 2 kg減、ウエスト－5 cmに

30代

三上貴子さん

31歳

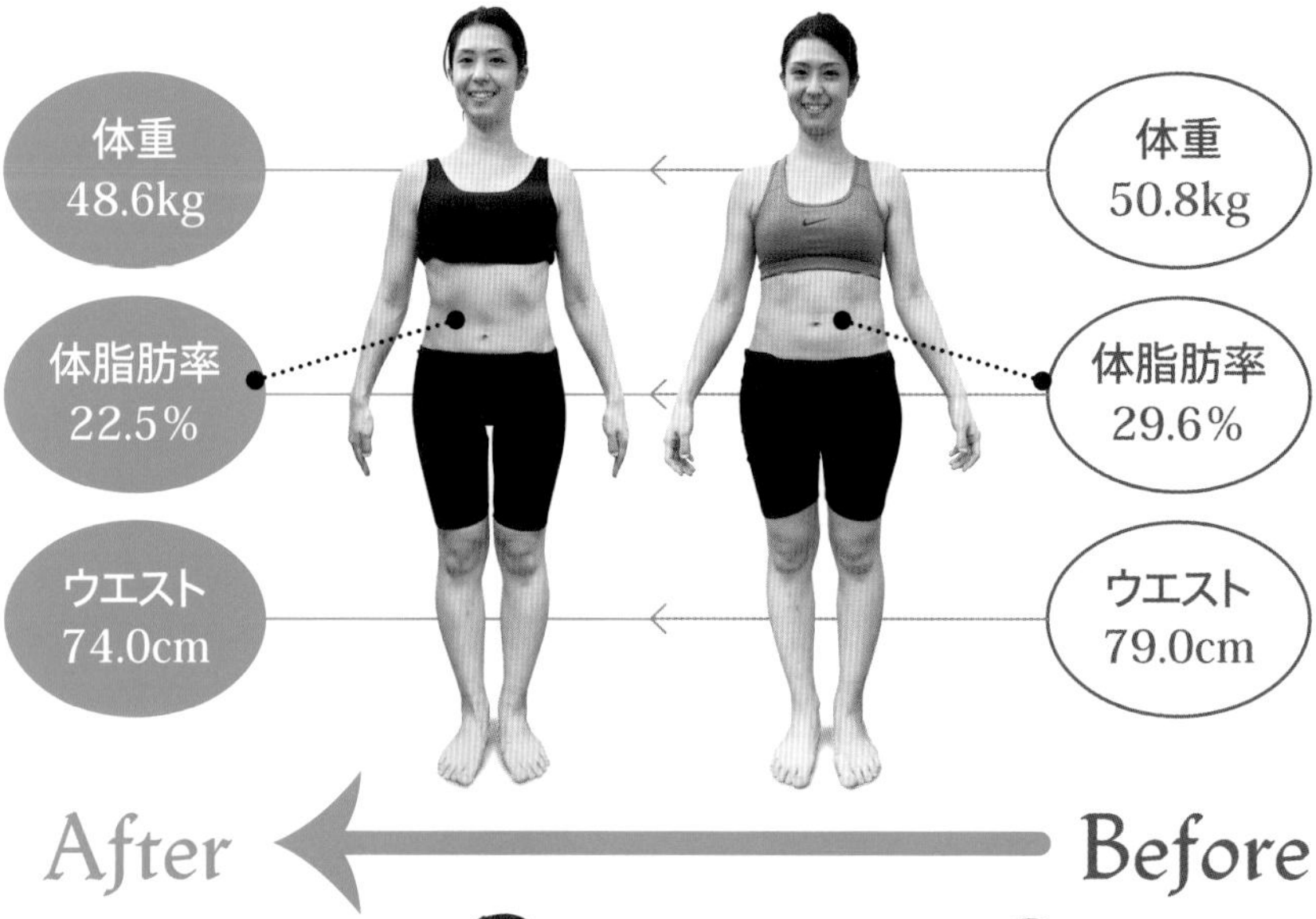
体重
48.6kg
体脂肪率
22.5％
ウエスト
74.0cm
体重
50.8kg
体脂肪率
29.6％
ウエスト
79.0cm
After
Before

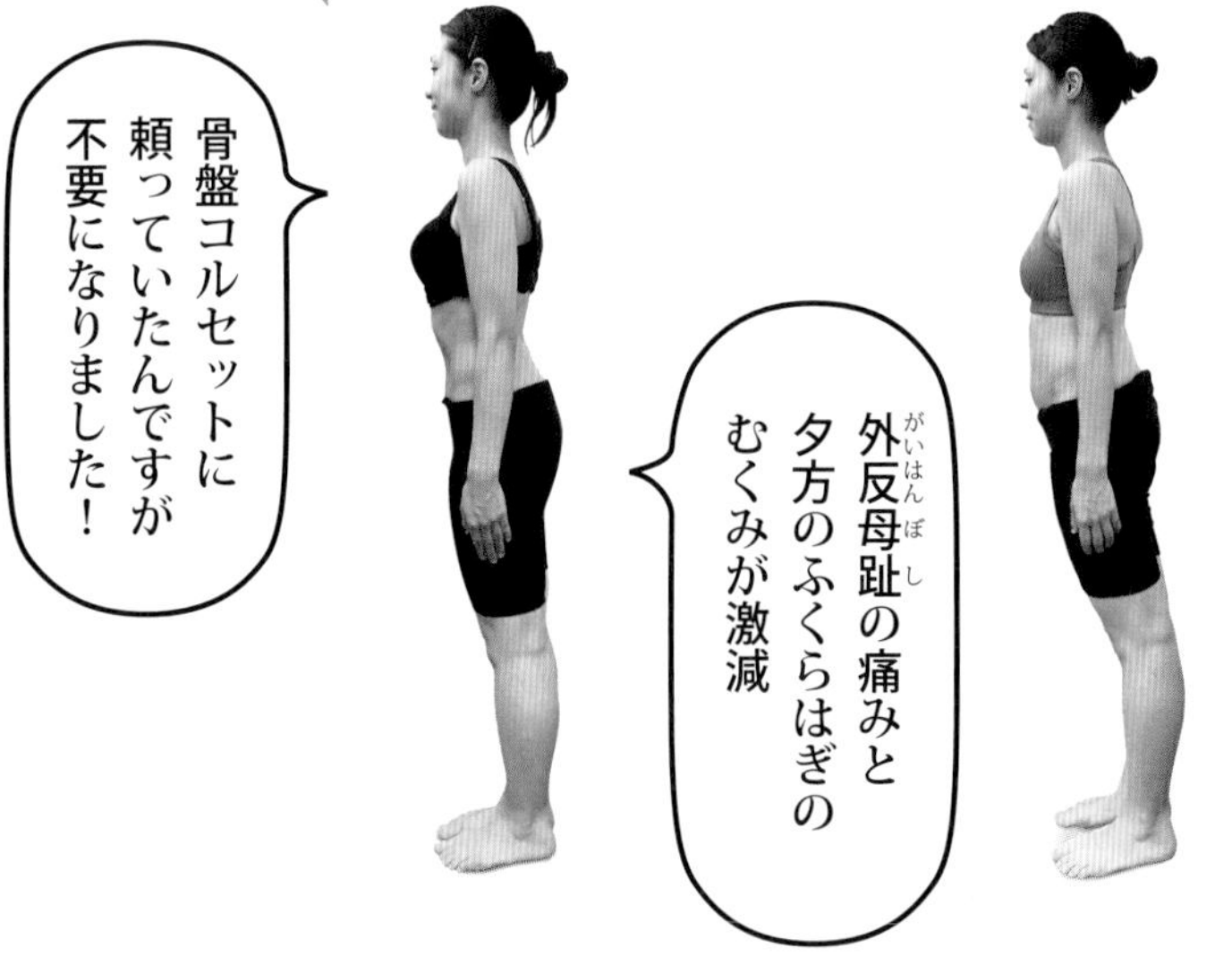
骨盤コルセットに頼っていたんですが不要になりました！
外反母趾《がいはんぼし》の痛みと夕方のふくらはぎのむくみが激減

やってみました！
1分ねじれ筋のばし

病気やケガに苦しみながらも体重3kg減、ウエスト−23cmを達成！

60代

渡辺佳代子さん

61歳

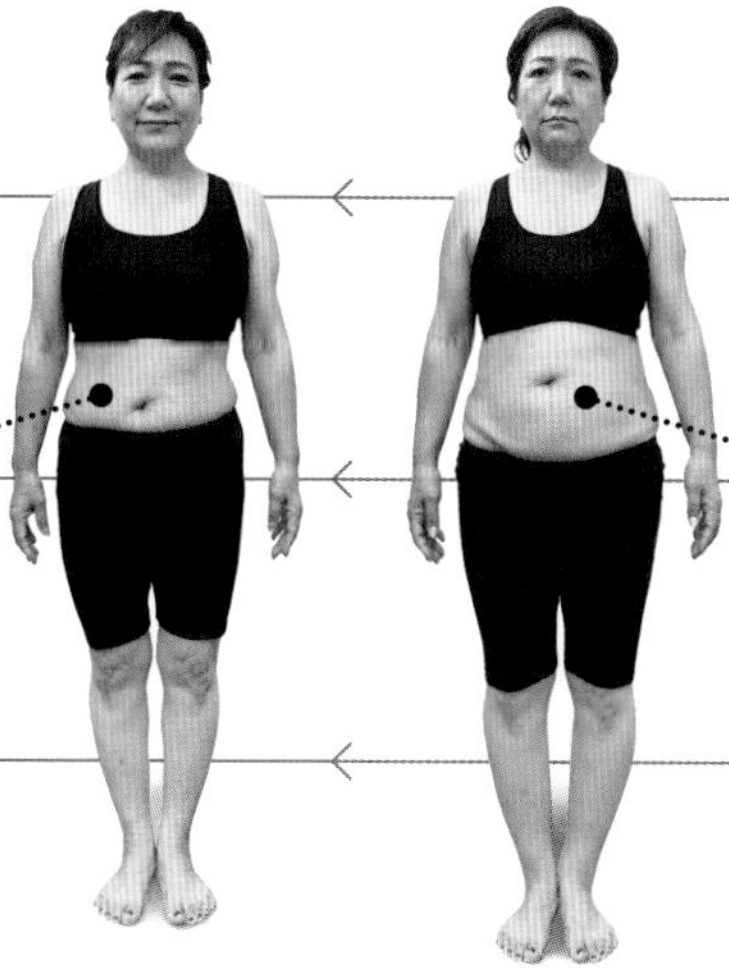

	After	Before
体重	56.8kg	60.2kg
体脂肪率	32.8%	34.0%
ウエスト	72.0cm	95.0cm

After ← Before

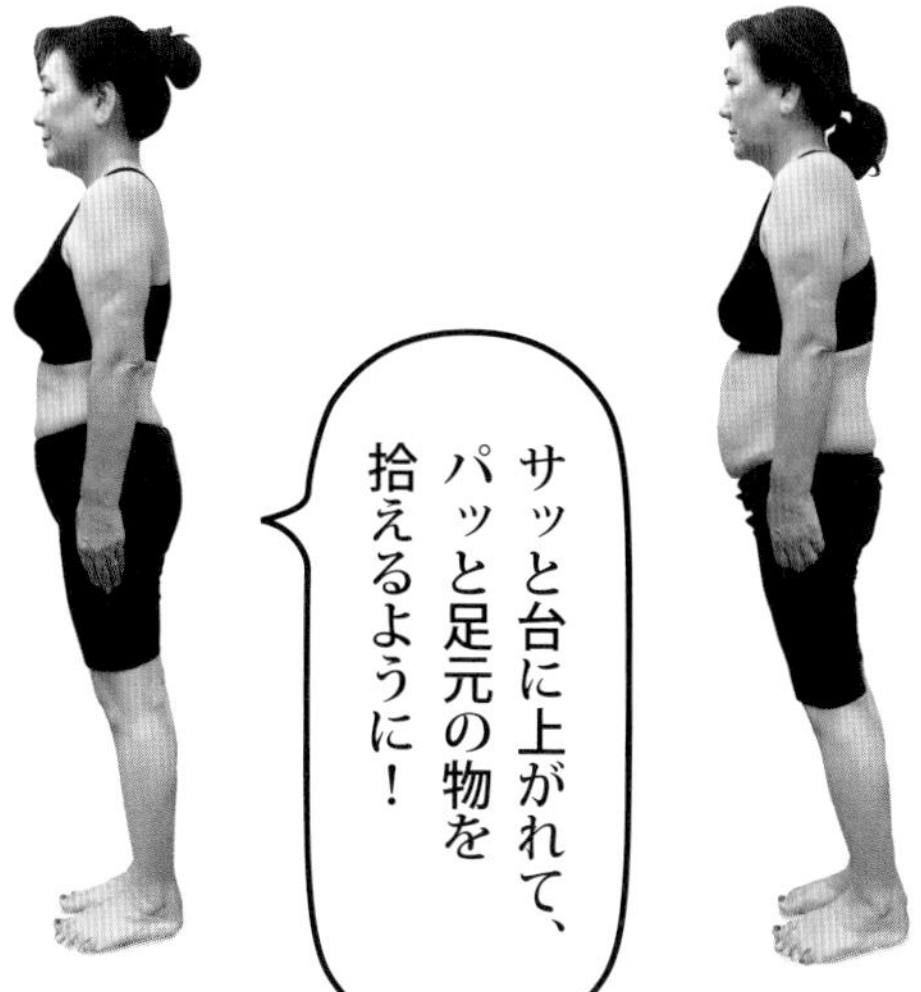

6年前から閉まらなかった服のファスナーが閉まり、なんと生地が余った！

サッと台に上がれて、パッと足元の物を拾えるように！

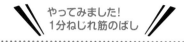

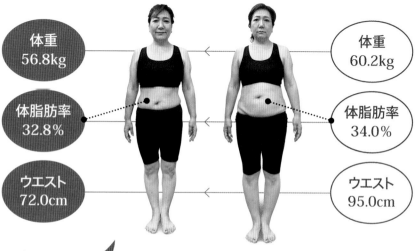

はじめに

繁華街にほど近い整骨院に異動して3か月ほど経ったころ、なぜか夜の街で接客をしている女性やファッションモデルなどからの予約が殺到するようになりました。突然の出来事に驚いて、患者さんたちに聞いてみたところ「週に1回整骨院に通っただけでやせた！」と評判になっていたようです。

確かに患者さんから頂く感想は、最初のうちは「肩が楽になったよ」「腰痛がよくなったわ」などがほとんどでしたが、2〜3か月経つと「下腹がぺたんこになった！」「太ももが細くなって、いい感じ」といった体形に関する喜びの声が急増していました。私は、痛みやこりなどの不調に苦しむ方のお役に立ちたくて、この仕事を選びましたし、前の職場では高齢の方の術後リハビリなどが中心だったので、患者さんの体形変化については、あまり気に留めていませんでした。

私が10kg以上太って体形について真剣に考えるようになったのは、その直後のことです。

体脂肪率は33％程度まで上がり、着る服すべてがパツパツで横ジワが入って、ベルトに分厚いお肉が乗っかるように。誰が見ても明らかに体形が変化していたものの、仕事の忙しさを言い訳に、自分の体のことを考えないようにしていたのだと思います。

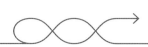

10kg太って体感した、つねに責められているようなつらさ

あるとき思いを寄せている男性から不意に、こういわれました。

「あっ、意外とお腹出てる…」

その場では精いっぱいの笑顔をつくって取り繕ったものの、内心とても動揺し、ショックを受けて深く傷つきました。それからは、**以前は気にも留めなかった「丸い」「大きい」などの言葉を耳にするたびに、胸が締めつけられるようになった**のです。何をしていても、太っている自分が責められているような気がしていました。

それから一念発起して、毎日一生懸命ダンベルを上げたり懸垂《けんすい》をしたりしてウエイトトレーニングに励むようになりました。しかし筋トレが高強度だったからか、太ももの筋肉が外側に張り出し、体つきがゴツゴツとしてきて「あれ、ちょっと違うな…」という気が。

肩が大きくなって腕も盛り上がり、Tシャツを着たらピチピチで血流が止まりそう…。やせたいなんてひと言もいっていなかった患者さんたちがきれいにやせていくのに、心底やせたいと願う私は、頑張れば頑張るほどゴツくなるばかり。筋トレをするのが、すっかりバカバカしくなりました。

自分の施術が持つポテンシャルに気づいたのは、そんなときです。

「縮める」から「のばす」に変えたらみるみるやせた

筋トレを必死に頑張っても、体がゴツゴツするばかりでやせられなかった私は、患者さんたちと同じように、関節の可動域を広げて体の奥の筋肉をのばすことだけに注力しました。すると、体重はスルスルと落ちて体形は元に戻り、体脂肪率は24%に。数年後の妊娠・出産でも体重が15kg増えたものの、妊娠中に狭まっていた関節の可動域を取り戻しただけで、産後3か月で元の体形まで戻せたのです。

これを一人でも多くの体形に悩む方に届けたい。そのためには客観的な数値の変化を把握しておく必要があると思い、データを集めることにしました。すでに「数年前に買ったデニムがはけた」「お腹が凹んだ」といった感謝の声は多数耳にしていたので、許可を頂けた方のみウエストやヒップ、体重や体脂肪率などの計測を始めたのです。すると、特にお腹やお尻、太ももが細くなり、体脂肪率が自然に落ちていって結果的に体重も落ちることがわかりました。

なかには**体重が10kg減、ヒップのサイズがマイナス14cmなど、驚きの数値をたたき出した方も。みなさん、つらい運動などいっさいせずに週1回の施術をしただけです**。30～60代の幅広い年齢層の患者さんが関節の可動域を広げ、これまで使えていなかった体の奥深くの筋肉が働くようになる。それだけで、自然に無理なくやせられたのです。年齢も運動習慣のあるなしも、いっさい関係ありませんでした。

その施術を、自宅で、一人で、簡単にできるようにしたのが、本書の「1分ねじれ筋のばし」です。

1分ねじれ筋のばしを体験した方々からは、このような声をよく頂いています。

・お腹が凹んでくびれができた

・お尻が上がり小尻になった
・太ももやふくらはぎが細くなった
・体重と体脂肪率が減った
・顔や脚のむくみが消えた
・便秘が解消した
・猫背が改善し、姿勢がよくなった
・立ち方や歩き方がきれいになった
・体のこりや痛みが解消した
・食べすぎなくなった

〝ながら〟でもできる5種類の1分ねじれ筋のばしを行うだけなので、日常のすき間時間に無理なく取り入れられます。関節や筋肉の使い方を少し変えるだけですが**「やせにくくなったから、もう無理」など仰る中高年の患者さんも、関節可動域を取り戻すにつれ体重や体脂肪率が減っていきました。**

もちろん、食事制限はいっさいしていません。甘い物や揚げ物など、食べてはいけない

物もまったくなし。仕事がらお酒を飲まなくてはいけない人もいるので、飲酒ももちろんOKです。だから厳しい食事制限でストレスが溜まり、我慢した反動でドカ食いしてリバウンドするという、ダイエットにありがちな失敗を避けられるのです。

歳を重ねると「どんなに運動や食事制限をしてもやせない」と仰る方は増えます。また「鏡を見たくない」「体重計に乗りたくない」「写真に写りたくない」「人に会いたくない」「洋服や下着が入らない」「食べることに罪悪感がある」など悩みが深刻になる方も少なくありません。最終手段だった「食べないダイエット」も、歳を重ねるごとに成果は上がらなくなり、体形の悩みばかりが増えていく。何をしても悩みを解消できず無力感に襲われ、やせることを諦めたという話を多数耳にしてきました。本当につらいですよね。

もう大丈夫です。頑張らなくても何歳からでも、関節がしっかり動いて、使っていなかった体の奥の筋肉を使えるようになれば、自然にやせられます。太りやすく、やせにくくなったことにお悩みでしたら、ぜひお試しください。

CONTENTS

Chapter 2

Chapter 3

「ながら」でもやせ体質になる！1分ねじれ筋のばし

Chapter

4

お悩み部分に特効！ とっておきのやせコツ教えます

骨や関節が変形していたり、関節や腱、筋肉を痛めていたりする場合は、しっかり治療を終えてから1分ねじれ筋のばしを行いましょう。炎症がある場合は、治まってからなら行ってOKです。妊娠中の方も実践して問題ないですが、骨盤が締まっていく産後1か月間だけはお休みしてください。体感も大切で、痛気持ちいい程度なら筋肉がのび関節可動域が回復していくので問題ありません。もし体に強い痛みが走ったり、しびれたりするとしたら、のばすための刺激が別の部位に行ったおそれがあります。すぐに中断し、様子を見ましょう。それで問題なければ、ゆっくり軽くのばすところから再開してください。

装丁●小口翔平＋加瀬梓（tobufune）
本文デザイン●花平和子（久米事務所）
イラスト●進藤やす子
撮影●金田邦男
モデル●大伴理奈（NMT）
ヘア＆メイク●梅沢優子
執筆協力●土橋彩梨紗
DTP●笠松正仁（天龍社）
校正●株式会社ぷれす

編集●小元慎吾（サンマーク出版）

Chapter 1

ミトコンドリアが減ると頑張ってもやせない体になる

「あれ、やせなくなった…」には理由があった

歳を重ねるごとに「食べなければやせるが通用しなくなった」と悩む方は増え「30代半ばを過ぎてからはやせるどころか体重が増え続けた」と仰る方も少なくありません。もし日々の活動量や食事の内容に大きな変化はなく、これという原因も思い当たらないのに体重が減らなくなったとしたら、体内の「ミトコンドリア」が激減してしまったのかもしれません。

「ミトコンドリア？　なんだか難しそう…」

こう思われた方、ご安心ください。

ミトコンドリアは、体内に溜め込んだ脂肪や糖をガンガン燃やしてくれる強力な味方です。このミトコンドリアが減ると、体は火をつける芯を失ったロウソクのような状態に。**ロウ（脂肪や糖）を燃やすために火をつける**

芯（ミトコンドリア）がないのですから、脂肪は体に溜まる一方です。

きれいにやせるには、溜まった脂肪をいかに消費するかが最重要課題。

ミトコンドリアが減ると、それが困難になります。

脂肪を燃やす燃焼炉がなくなったり減ったりしている

ミトコンドリアが減るとダイエットの効果は出にくくなる

ミトコンドリアとは

脂肪や糖を消費して、体を動かすエネルギー源となる「ATP（アデノシン三リン酸）」を24時間休むことなく合成してくれる細胞内の小器官。「細胞のエネルギー工場」と呼ばれることも

じつはミトコンドリアが減った人ほど体が硬い

「体内のミトコンドリアが減っている」なんていわれても、見ることも意識することもできないし何のことやら、と思われたかもしれません。ミトコンドリアが減ったかを知る目安は二つあります。一つは体の冷えです。ミトコンドリアの含まれる量が多い筋肉細胞が加齢とともに減ると、体が熱をつくる量も少なくなります。これが冷えを起こすのです。

もう一つは、体の硬さ。ミトコンドリアがたっぷり含まれる筋肉の多くは、骨や関節の位置を正しく維持するために使われています。しかし体を大きく動かす機会が減ると関節の動きが悪くなり、関節を支える筋肉は働けなくなってやせ細る一方に。この筋肉の衰えが進むほど関節にもゆがみが生じ、ほかの筋肉まで動きにくくなって衰えるという悪循環を起こすのです。こうしてミトコンドリアの数は減っていきます。

背骨を横に曲げる動き、肩甲骨を背骨に近づける動き、脚を内外にねじる動きの不足は、関節の動きを悪くするワースト3です。なかには関節が正常に動く人と比べ、可動域が平均7割減している部位もあります。

でも、ご安心ください。働けていない眠った筋肉が多いほど、目覚めたら猛烈に働き出して脂肪をガンガン消費し始めますよ。

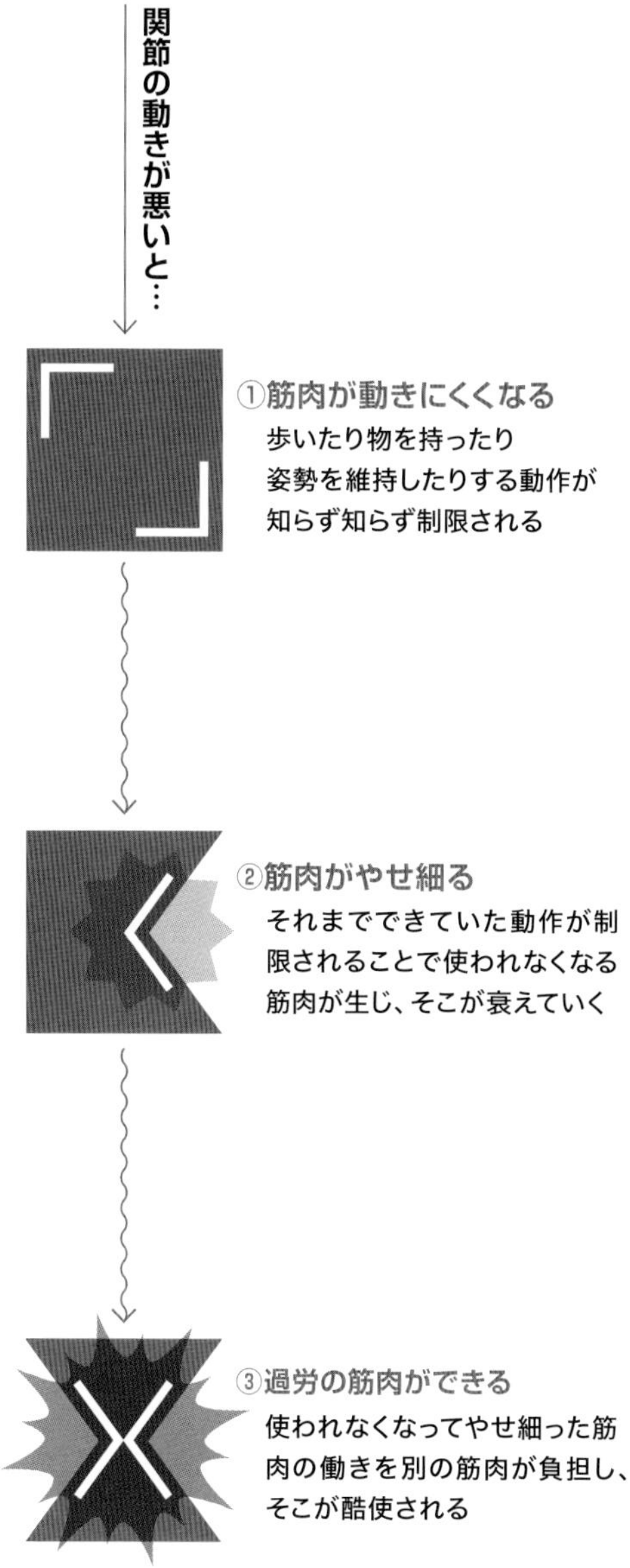
関節の動きが悪いと…
①筋肉が動きにくくなる
歩いたり物を持ったり
姿勢を維持したりする動作が
知らず知らず制限される
②筋肉がやせ細る
それまでできていた動作が制
限されることで使われなくなる
筋肉が生じ、そこが衰えていく
③過労の筋肉ができる
使われなくなってやせ細った筋
肉の働きを別の筋肉が負担し、
そこが酷使される

憎き脂肪を減らす救世主ミトコンドリアはなんで減るの？

では、なぜミトコンドリアは減ってしまうのでしょうか。

ミトコンドリアはほとんどの細胞にあるものの、じつは細胞によって含まれる量が大きく異なります。膨大な数のミトコンドリアが詰まっているのは、体の奥でつねに姿勢の維持などに活躍している筋肉の細胞です。

普段から、この筋肉を使えていれば血流がよくなり、筋肉の密度も高まってミトコンドリアの数も維持できます。しかし使えていないと、ミトコンドリアは眠ったような状態になるため脂肪や糖を燃やす働きが低下。さらに数まで減っていきます。何をしても落ちない嫌な脂肪を燃やす鍵を握る、この筋肉が知らぬ間に衰えてしまうのです。

筋肉というと「また筋トレ？」と思われるかもしれませんが、ミトコン

ドリアたっぷりの筋肉は、うれしいことに頑張って鍛える必要はいっさいなし。つまりダイエットしたい人の救世主とでも呼ぶべき存在なのです。

それだけではありません。ミトコンドリアは脂肪や糖を燃やしてエネルギーをつくる「発電所」ですから、減れば体が冷えて不調がちになる一因に。逆に増えると疲れにくくなり、朝のめざめもよくなるうれしい効果が得られます。つまりミトコンドリアは健康維持の鍵も握っているのです。

脂肪や糖をガンガンエネルギーに変える

おおっ
そーいうこと!!
糖
脂質
ミトコンドリアがあると…
糖
脂質
ミトコンドリア
ATP
ATP
Change!

ミトコンドリアを増やす一般的な方法が苦行すぎ…

増やすといいことだらけのミトコンドリアだけに、どうすれば増えるか、さまざまな研究が行われてきました。たとえば「きつい」と感じる運動を長時間行うことを習慣化できれば、ミトコンドリアは増えることがわかっています。体が追い込まれてエネルギー不足を感じると、細胞はミトコンドリアを増やすように働き始めるというしくみです。

あとは食事を腹七分以下にとどめたり、1日の総摂取カロリーを減らしたりして空腹状態を保つという方法で「長寿遺伝子」とも呼ばれるサーチュイン遺伝子が活性化し、ミトコンドリアが増えたという報告があります。

ほかにも、冷水風呂に浸かったりアイスパックを体に当てたりする寒冷刺激でも、細胞はエネルギーが必要と認識してミトコンドリアを増やすことがわかっています。

ただ、**いずれも鍵となるのは「体を限界に追い込む」こと**。どれも並大抵の努力や精神力、忍耐力では続かない苦行のようなものです。「それができるならいまの体形にならない」と思う方も多いかもしれません。

もともと運動が苦手で続かない方や、食べることが大好きで食事や間食を控えることが難しい方にとっては、ハードルの高い解決策です。

できたらすごいミトコンドリアの増やし方

体を追い込むハードな筋トレ

食事を半分程度に減らす

冷水シャワーを浴びたり冷水風呂に浸かったりする

最も楽に増やす方法は「ある部分」をのばすことだった

ここで朗報です。じつは体内には、特に多くのミトコンドリアがみっちり詰まっている7つの筋肉があり、その7つを使えるようにするだけで一気にやせやすくなるのです。

おもに背中やお腹、腰まわりで姿勢の維持に使われる7つの筋肉は、骨に直接くっついて骨格や関節を正しい位置に保持することから「インナーマッスル」とも呼ばれます。体内の脂肪をどんどん燃やしてエネルギーに変換するミトコンドリアの働きが活発なので「ミトコンドリア筋」とでも呼びたい筋肉です。この「ミトコンドリア筋」は、筋トレで鍛える筋肉のように大きくのび縮みはしませんが、少しのばし続けることでかなり血流が促進され、体温が上がって基礎代謝も高まります。

ここがよく動くと、付随する関節の可動域も広がり動作も大きくなるため、日常生活でのエネルギー消費量もアップ。筋繊維の密度まで高まっていくので、ミトコンドリアもさらに増加します。こうした変化が、脂肪をどんどん燃やしてエネルギーに変換しまくる体を取り戻すのです。

「ミトコンドリア筋」に秘められた脂肪を燃やす力は、ミトコンドリアの少ないアウターマッスルの約30倍。つまり「やせ力」を爆発的に高められる筋肉ということです。

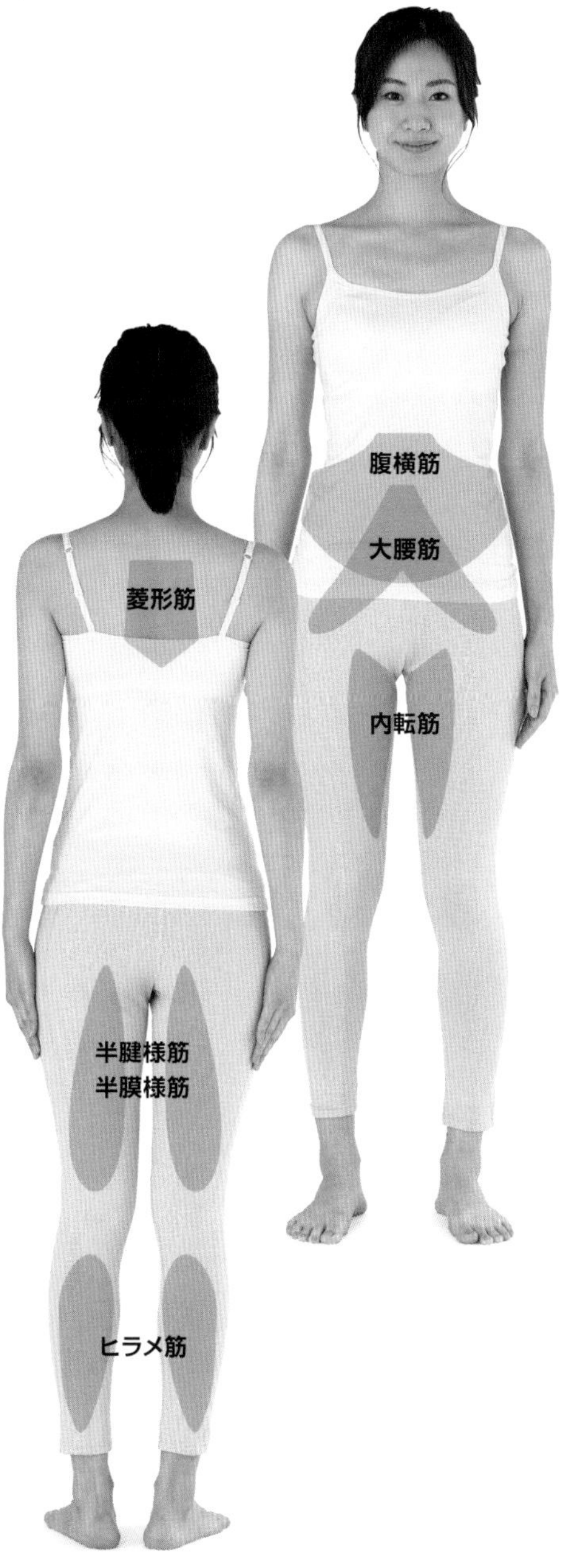
腹横筋
大腰筋
菱形筋
内転筋
半腱様筋
半膜様筋
ヒラメ筋

ミトコンドリアがみっちり詰まった筋肉で縮みがちなのは、お腹の深部にある大腰筋、太もも内側にある内転筋、太もも裏側の半腱様筋と半膜様筋、ふくらはぎにあるヒラメ筋。肩甲骨のあいだにある菱形筋とお腹を覆う腹横筋はのびて働きが低下しがち

引きのばす刺激でミトコンドリア筋がよみがえる

ミトコンドリア筋のある関節に、非常に大きな影響を与えるのが姿勢です。猫背や丸腰、お腹を突き出した立ち姿勢、かかと重心などが続くと関節の位置がずれます。ずれを放っておくと、関節にかかわる筋肉はのびっぱなしや縮みっぱなしになり、十分に使われなくなってしまいます。

これを解消するのが、じっくり引きのばす刺激です。

普段は動かせていなかったミトコンドリア筋に狙いを定めてのばすことで、休眠状態から一気に活性化します。さらにミトコンドリア筋をじっくり最長まで引きのばし続けると、関節可動域の回復にも効果絶大。関節がよく動くようになれば、そのほかの筋肉も本来の伸縮性を回復して筋繊維の密度が高まり、ミトコンドリアが増えて基礎代謝もアップします。

こうして何もしなくても24時間、勝手にたくさんのエネルギーを消費していた、やせやすかったころの体を取り戻していくのです。

ミトコンドリア筋は、のびてから縮もうとする瞬間に最も多くのエネルギーを消費します。だから縮みっぱなし、のびっぱなしで働きの低下した体内で燻《くすぶ》っていた筋肉も、エネルギー消費量が爆上がり状態に。こうして体は、どんどんやせやすい状態になります。

筋肉は縮むときに
エネルギーを多く消費する

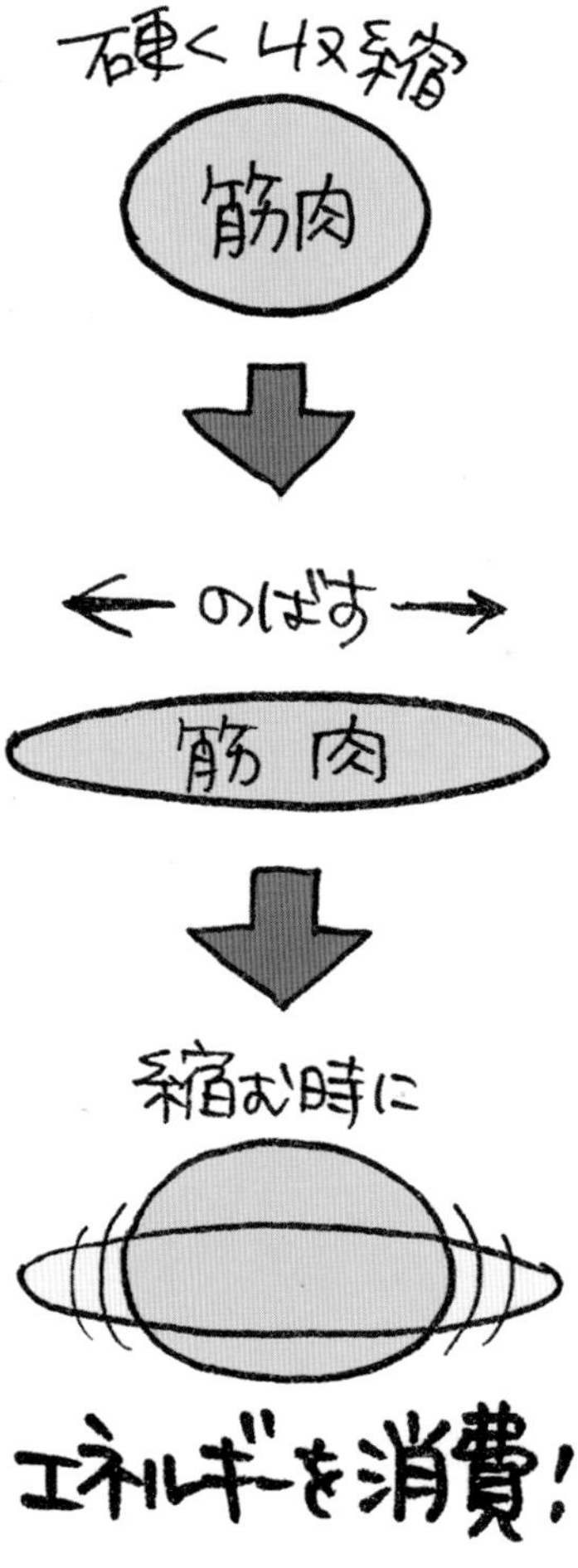

「数週間で数kg落とす」のはシワやたるみの元凶？

最近、トレーニングジムに通い詰めて高強度の筋トレや有酸素運動をし、厳しい食事制限をすることで短期間で大きく体重を落としたという方が増えました。これは万人にはおすすめできないやり方です。もちろん成功する方もいらっしゃいますが、30代半ば以降に短期間で大きく減量すると、体のサイズダウンに皮膚の戻りが追いつかないケースが目立ちます。顔やお腹、腰まわりの皮膚が余り、首や下腹部、お尻に深い横ジワが生じるなどのトラブルを招きやすいのです。特に顔の皮膚の下垂が著しく、一気に老け込んでしまいかねません。また、厳しい食事制限で必要な栄養素が不足し、肌がパサパサになる人も。せっかくやせたのに、シワやたるみを増やし、老け込むなどという事態は避けたいものです。大人がきれいにやせるには、焦りは禁物と思っておいたほうがいいでしょう。

column

Chapter

2

ズボラでも脂肪が落ちるのは「ねじりのばす」だけでいいから

筋電計を使って徹底検証！

1分ねじれ筋のばしのすごい効果

歩く

1分ねじれ筋のばし前後の筋活動変化率

腹横筋	207.2％
外腹斜筋	245.0％
広背筋	128.6％
大臀筋	187.3％
半膜様筋	2000.0％
内転筋	204.1％

しっかりとのびた状態にはなりにくいひざの角度も、1分ねじれ筋のばしをすると太もも裏側の筋肉がのばされて活性化し、ひざがしっかりとのびるようになる。さらに骨盤の回旋運動が発生しやすくなることで、自然とお腹まわりで斜め走行をしている筋繊維の活動も増加する

計測に協力して頂いた専門家
関西医療大学
吉田隆紀准教授

座りスマホ

1分ねじれ筋のばし前後の筋活動変化率

腹横筋	98.7%
外腹斜筋	327.7%
広背筋	140.9%
大臀筋	153.8%
半膜様筋	500.0%
内転筋	125.8%

1分ねじれ筋のばしで腰をねじりやすくなると、スマホ操作時に常時起きている微妙な体のねじれの際にお腹の深部筋の活動が上がりやすい。また股関節のねじり動作の改善によって左右のひざが近づき、座っているだけで骨盤から内ももにかけての筋肉が、よく働くようになる

立ち上がる

1分ねじれ筋のばし前後の筋活動変化率

腹横筋	527.3%
外腹斜筋	331.5%
広背筋	191.1%
大臀筋	217.7%
半膜様筋	1500.0%
内転筋	292.2%

1分ねじれ筋のばしをすると、立ち上がり動作で、ひざ関節の内旋運動が起こりやすくなり、お尻からひざの内側にかけてねじれるように走行する太ももの裏側の筋肉がよくのびて働くようになる。さらに、立ち上がるときの体を起こす動作で、ウエストまわりの筋肉が動員される

どんな体も「やせ力」を取り戻す1分ねじれ筋のばし

高いやせ効果を持つミトコンドリア筋を、最も効率よく活性化する方法、それが「1分ねじれ筋のばし」です。特徴は、狭まりがちな肩や股関節、体幹の関節動作を最も効率よく取り戻す「ねじる」動きにあります。なぜかというと、まず日常生活で「ねじる」動きをほぼしていないから。そして筋肉の多くはねじれた形状なので、まっすぐのばすより、ねじってのばしたほうが効率よく全体を刺激できるからです。

のばし続ける時間が1分である理由は、関節の可動域を広げるためには一定の時間が必要だからです。筋肉だけストレッチするなら20～30秒でいいですが、固まっている関節まわりまでゆるめるには1分のばし続けるのが最も効率的でした。1分以下だと関節の可動域がうまく広がらず、1分

以上のばしても関節まわりへの効果は1分とあまり変わらなかったのです。

この1分ねじれ筋のばしで関節可動域を取り戻すと、ミトコンドリアの力で脂肪がガンガン燃えて基礎代謝は上がり、勝手にやせる体になっていきます。続けるうちに、特にお腹まわりやお尻、太ももが大幅にサイズダウンしたという方は多数いらっしゃいました。

毎日、自己ベストを更新するつもりで、関節の可動域を1㎜ずつでも広げることが「やせ力」を高める近道と心得ましょう。

肩甲骨

「ねじる」で肩と体幹が動きを取り戻す

動かす習慣がないかぎり背骨や肩甲骨はどんどん動きが悪くなっていく

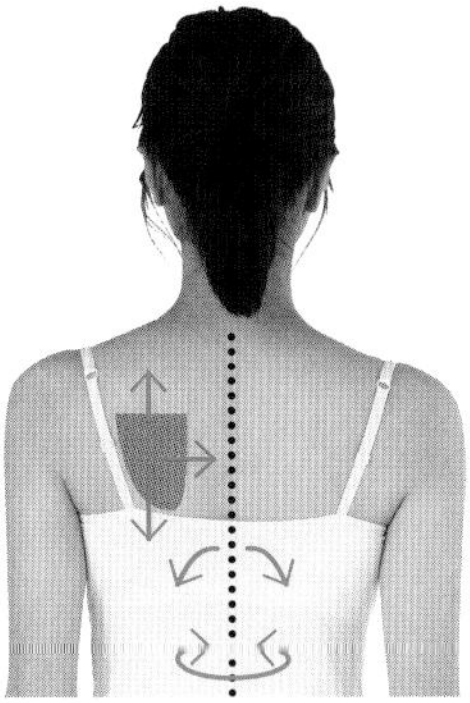

股関節

「ねじる」で股関節が動きを取り戻す

現代人の日常生活で脚を大きく動かす機会は非常に少ないため、動きは悪くなる一方

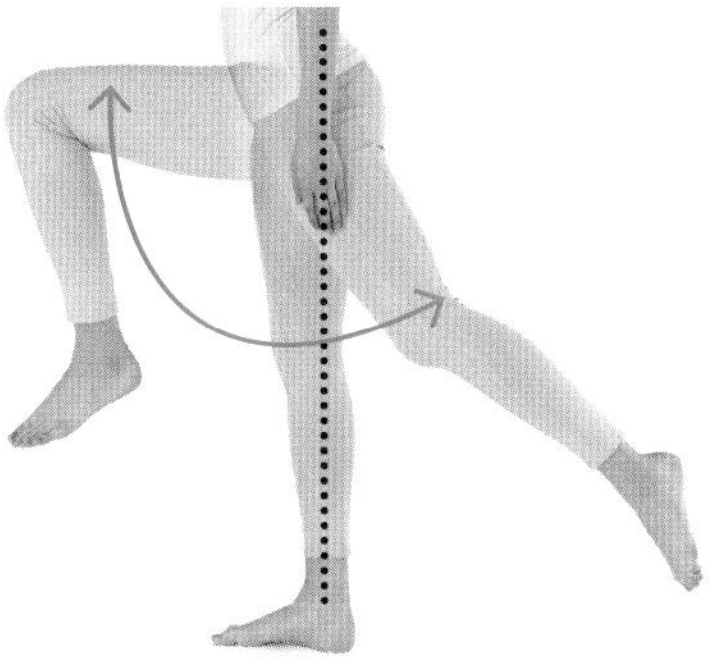

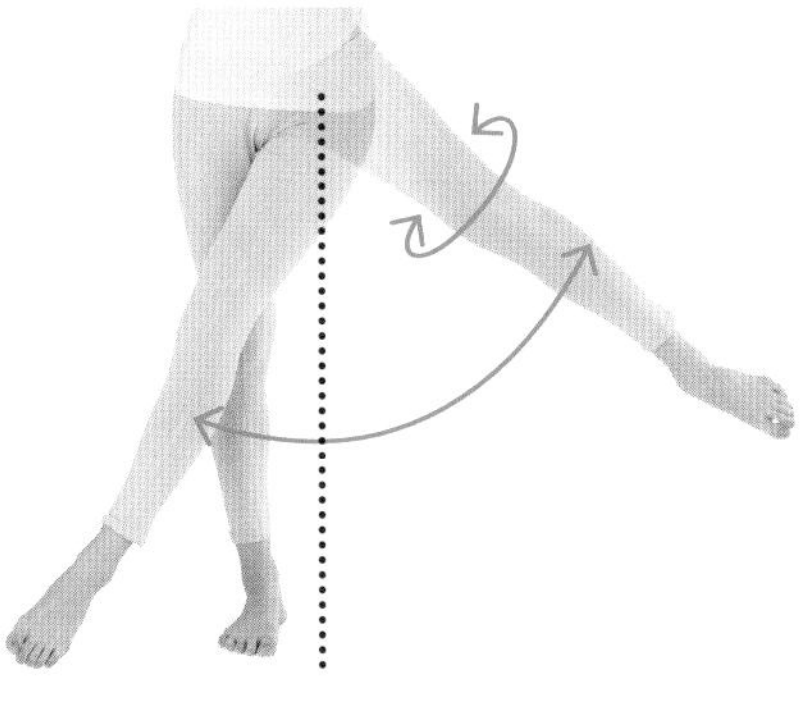

「1分ねじれ筋のばし」はここがスゴい 1

リラックスしてねじりのばすだけ

1分ねじれ筋のばしは、とてもシンプルです。体をねじって、のばすだけ。「特別な道具もいらず自宅でくつろいだままできる」と忙しい方や運動嫌いの方からも好評です。リラックスして行えるので、自律神経のバランスが整って心身の緊張を解く効果まで得られます。これまで多くの方々から「ずっと体に力が入ってこわばっていたことに気づいた」「よく眠れるようになった」などの声を頂き、私も非常にうれしく思っています。

「のばす部位を小分けしたり〝ながら〟にしたりしても、きちんと効果を得られる点がいい」という声もよく頂きます。1分ねじれ筋のばしは、ねじってしっかりのばしさえすれば、関節可動域を取り戻す効果は得られるので、やり方は自由です。

「1秒ずつカウントしているとイライラする」という方には「テレビを見ながら、スマホをいじりながらでもいいですよ」とお伝えしています。

寝る前や目覚めてすぐにあお向けのまま、あるいは歯磨きしながらなど、毎日の習慣にしやすいやり方やタイミングを見つけた方ほど結果が早く出やすいので、ぜひお試しください。

何かを
しながらでOK！
「ながら」でOK！
ぐいーー
？

どんなに忙しい人でも、
何かをしながらなら生活に取り入れやすいはず

「1分ねじれ筋のばし」はここがスゴい 2

寝ていてもエネルギー消費量が上がる

1分ねじれ筋のばしで関節可動域を取り戻し、体の奥深くに眠っているミトコンドリア筋をめざめさせると、体の奥にある血液の流れが促進されます。すると体が芯から温まってエネルギー消費量も上がり、人によっては汗ばむほど基礎代謝がアップ。つまり**運動などしなくても、しっかり脂肪を消費できる体になる**ということです。

さらに1分ねじれ筋のばしを継続すると、ミトコンドリア筋の密度が増して、ミトコンドリアの数も増加します。こうして体内の脂肪を燃やしてエネルギーに変換する力がグンと上がると、起きているときも寝ているときも24時間365日、勝手にエネルギーが消費される、やせやすい体ができていくのです。

1分ねじれ筋のばしは、1日1回、10分もかからず終えられるだけでなく、体をのばすだけで一生もののやせ力が身につく高機能なメソッドです。**脂肪を燃やすために頑張るのは、あなたではなくミトコンドリア。**ねじってのばして、ミトコンドリアが勝手に脂肪を消費してくれる体を手に入れましょう。

ミトコンドリアが活性化し増えていけば、
同じ生活をしていてもエネルギー消費量は上がる

8

「1分ねじれ筋のばし」はここがスゴい 3

食事はこれまでどおり、何も我慢しなくていい

基本的に私は、健康のために何を飲食したかお聞きすることはあっても、食事制限はおすすめしていません。理由は、制限をやめたとたん、それまでの我慢の反動でドカ食いしてリバウンドする人が多いからです。間食や飲酒も、いつもどおりでOK。**ファストフードを1食で3人前たいらげる人と、ホールケーキを一気食いする人だけは病気のリスクを考え、さすがに止めましたが、制限したのはそのときくらいです。**お酒は、仕事がら必要な方もいらっしゃいますし、私自身大好きなので、制限したときのストレスも考えて制限していません。

食事は、1日に3000㎉以下なら何を食べてもOK。1日3食バランスよく食べることをおすすめしています。ダイエット時に抜きがちな糖質

や脂質も、体には絶対に必要な栄養素です。どれが欠けても、激しい空腹感が生じ代謝が悪くなって、かえって太る原因になります。

おもしろいのが、**1分ねじれ筋のばしで勝手に脂肪が燃える体になると、食欲抑制効果が強くあらわれやすい**ことです。多くの方が、自然と適正の食事量になっていきました。

最初のうちは1分ねじれ筋のばしで筋肉痛になる方も多いので、めぐりをよくして痛みを軽くするためにも、前後の水分補給は忘れないでください。水分は1日1・5ℓを目安に、たっぷり取るのがおすすめです。

飲酒も
止めません
おいしく食べられるの
幸せ
いつも通りでOK!

食生活を大きく変えるのは
かなりのストレスなので気をつけよう

8

「1分ねじれ筋のばし」はここがスゴい 4

関節の動きさえ戻ればやめたってOK

どんなに手軽なダイエットでも、運動や食習慣でも「一生続けなければいけない」となると強いプレッシャーを感じるものです。

じつは1分ねじれ筋のばしは、関節の可動域さえ戻れば、やめても問題ありません。**こり固まった関節の可動域をしっかり広げておけば、その関節を支えているミトコンドリア筋も復活するので、増えたミトコンドリアが脂肪を勝手に燃やし続けてくれる状態を維持できるからです。**

ただ、関節可動域が戻るといわれても、それがどんな状態かわからないという方は多いでしょう。各関節にどんな動きができて、どれくらいの角度まで動かせるかの目安はあるので、私は実際に関節を動かして一つずつ確認しています。これを一般の方が確認するのは難しいので、1分ねじれ筋のばしが余裕でできるようになったかどうかを目安にしてください。

早い人なら2～3週間、体の硬い人でも5週間も続ければ、正しい動きができるようになります。遅くとも3か月後には楽になせるようになるはずです。そこまでたどり着いたら、やめても大丈夫。ミトコンドリアが働くようになったので、何もしなくてもエネルギー消費量は上がっています。あとは体が硬くなり関節の可動域が狭まったときに、メンテナンスがてら行うだけでOK。ミトコンドリアが頑張り続けてくれる、やせやすくなった体をキープできます。

一生頑張らないと、
というプレッシャーは
不要
勝手にやせる！

ミトコンドリア筋の動きがよくなるだけで
エネルギー消費量は上がる

「1分ねじれ筋のばし」はここがスゴい 5

年齢関係なし！ 高齢者のダイエットにも有効

30代前半くらいまでは、食べる量さえ減らせばやせられていたという方も、30代後半、あるいは40代、50代と歳を重ねるにつれ全然やせなくなったという話をよく聞きます。

「自分史上最高の重量を更新し続けている」「鏡を見たくない」「入る服がない」「食べることに罪悪感がある」「体重計を見るのも嫌」といった深刻な悩みを打ち明けられる方も少なくありません。

加齢によってやせにくくなる原因の多くは代謝の低下です。そう考えると1分ねじれ筋のばしには、体の奥にある筋肉を刺激してミトコンドリアを増やし、脂肪を燃やす体質を取り戻す力があるので、代謝の低下をリセットするのにうってつけといえるでしょう。たとえ運動習慣がなくても、体

見るだけで勝手に記憶力がよくなるドリル

池田義博 著

テレビで超話題！１日２問で脳が活性化！

「名前が覚えられない」「最近忘れっぽい」

「買い忘れが増えた」

こんな悩みをまるごと解消！


定価＝1430円（10%税込） 978-4-7631-3762-3

生き方

稲盛和夫 著

大きな夢をかなえ、たしかな人生を歩むために一番大切なのは、人間として正しい生き方をすること。二つの世界的大企業・京セラとKDDIを創業した当代随一の経営者がすべての人に贈る、渾身の人生哲学！

定価＝1870円（10%税込） 978-4-7631-9543-2

スタンフォード式　最高の睡眠

西野精治 著

睡眠研究の世界最高峰、「スタンフォード大学」教授が伝授。

疲れがウソのようにとれるすごい眠り方！


定価＝1650円（10%税込） 978-4-7631-3601-5

子ストアほかで購読できます。

ビジネス小説　もしも徳川家康が総理大臣になったら

眞邊明人　著

コロナ禍の日本を救うべく、「全員英雄内閣」ついに爆誕！　乱世を終わらせた男は、現代日本の病理にどう挑むのか？　時代とジャンルの垣根を超えた歴史・教養エンタメ小説！

定価＝1650円（10%税込）978-4-7631-3880-4

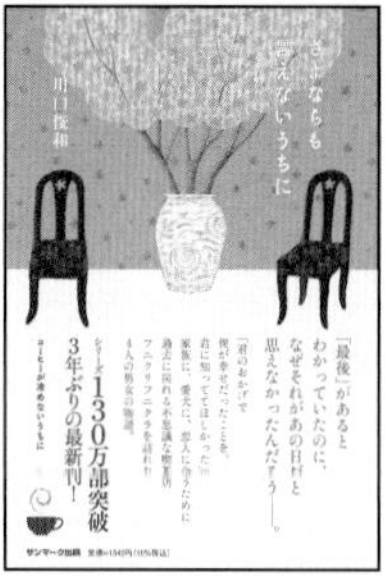

さよならも言えないうちに

川口俊和 著

「最後」があるとわかっていたのに、なぜそれがあの日だと思えなかったんだろう―。
家族に、愛犬に、恋人に会うために過去に戻れる不思議な喫茶店フニクリフニクラを訪れた4人の男女の物語。シリーズ130万部突破。3年ぶりの最新刊！

定価＝1540円（10%税込）978-4-7631-3937-5

血流がすべて解決する

堀江昭佳 著

出雲大社の表参道で90年続く漢方薬局の予約のとれない薬剤師が教える、血流を改善して病気を遠ざける画期的な健康法！

定価＝1430円（10%税込）978-4-7631-3536-0

電子版はサンマーク出版直営

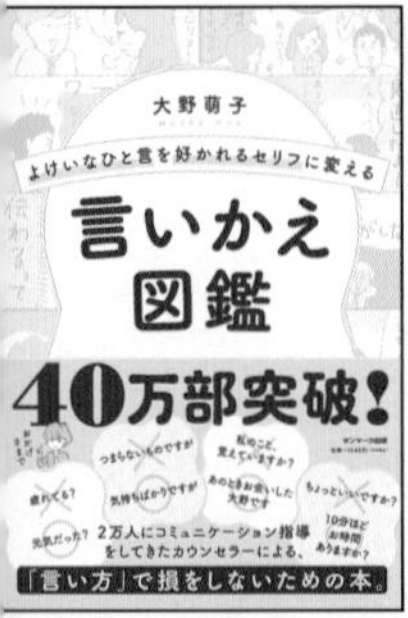

よけいなひと言を好かれるセリフに変える言いかえ図鑑

大野萌子 著

2万人にコミュニケーション指導をしたカウンセラーが教える「言い方」で損をしないための本。人間関係がぐんとスムーズになる「言葉のかけ方」を徹底解説！

定価＝1540円（10%税込） 978-4-7631-3801-9

ぺんたと小春《こはる》のめんどいまちがいさがし

ペンギン飛行機製作所 製作

やってもやっても終わらない！
最強のヒマつぶしBOOK。
集中力、観察力が身につく、ムズたのしいまちがいさがしにチャレンジ！

定価＝1210円（10%税込） 978-4-7631-3859-0

タキミカ体操

日本最高齢インストラクターの「心まで若返る」生き方レッスン

瀧島未香 著　中沢智治 監修

65歳まで運動経験ゼロだったのに87歳で指導者デビュー。日本最高齢インストラクターの「心まで若返る」生き方レッスン。
何歳からでも、体は若返る！生きる勇気をくれる一冊。

定価＝1430円（10%税込） 978-4-7631-3964-1

の奥に眠っているミトコンドリア筋をめざめさせれば、低下した代謝を簡単に取り戻せるのです。

もちろん関節可動域が広がると、すべての動作が大きくなるので、日常動作や運動によるエネルギー消費量もアップ。だから誰でもやせ効果を得られます。実際、産後や更年期の方、高齢者など、幅広い層の方が来院され「諦めていたのにやせられた」と喜びの報告をしてくださいました。

なかには50代で10kgやせた方も。この年代は更年期などでホルモンバランスが崩れがちのため太りやすく、ダイエットをしてもやせないという方が多いのですが、数週間後には「何をしてもやせなかったのにやせた」「体重計に乗るのが楽しい」といった声を頂くようになります。

最近では**70代で、だぶついたお腹の肉が取れてスリムになったとうれしそうに報告してくださった方も。**年齢を理由に体形を諦めなくていいのも、1分ねじれ筋のばしのいいところです。

「頑張ったのにやせない」にはご用心

リバウンドをくり返しているという方のお話で「頑張っているのにやせない」という言葉をよく耳にします。ダイエットは、やり方によって効果に差がありますし、頑張ったからといって必ず報われるわけではないため、これは悩ましい問題です。たとえば私は、やせたくて筋トレをすごく頑張りましたが、ゴツくなる一方で絶望しました。しかし筋トレだけできれいにやせた人もいます。一つ確実にいえるのは、頑張るダイエットは早く結果が出ないと続けるのが難しく、やめたらリバウンドしやすいということです。

column

Chapter 3

「ながら」でもやせ体質になる！ １分ねじれ筋のばし

1分ねじれ筋のばしで確実に成果を得る2大コツ

1分ねじれ筋のばしを成功させる最大のコツは、少しずつ関節の可動域を広げていくことです。関節のサビつきを落とすイメージで毎回1㎜ずつでも大きくのばしたりねじったりできれば、可動域は着実に広がります。

逆にいうと自己ベストを更新しないかぎり可動域は広がらず、活躍するミトコンドリアの数は増えません。つまり、脂肪を勝手に燃やしてエネルギー消費量を増やす力が高まらなくなるのです。

それと、必ず1分のばし続けることも重要です。

一般的な20～30秒ほどのストレッチでのびるのは筋肉だけです。ガチガチに硬くなった関節で狭まっている可動域を、その秒数で取り戻すことは難しく、できたとしてもかなりの期間を要します。これまで検証した結果では、1分のばし続ければ、数週間でもしっかり関節可動域が広がったので、この時間を守れるかどうかで成果を得られる時期が変わると思ってください。

もちろん、すべての部位を連続して行う必要はありません。1部位1分さえ守って頂ければ、バラバラに行ってOKです。何かしながらでもいいですし、お好みのタイミングで無理なく楽に続けてください。

コツ

可動域をジワジワ攻める

一気に大きくのばすと体を痛めるおそれもあるので、少しずつ可動域を広げましょう。うまくできたときの目安は、1分間のばし続けた直後に同じのばす動作をしたら楽にできることです

コツ

1分のばし続ける

体の硬い患者さんからは「呪いのように長い1分」といわれることもあるのですが、それは最初の数回だけ。続けるうちに誰もが必ず楽にできるようになるので、ご安心ください

あなたの硬さはどれくらい？関節可動域チェック

1分ねじれ筋のばしは、やせにくい体になっている方ほど最初はうまくできません。関節可動域が狭まっていて、姿勢を維持するためにあるミトコンドリアたっぷりの筋肉が使えていないからです。

では、そういう場合はどうすればいいのでしょうか。

ここでは、可動域が狭くなりがちな肩甲骨まわりと股関節の動きやすさをチェックできる、簡単なポーズをご紹介します。まずはこちらをお試しください。写真どおりにできて「痛気持ちいい」範囲で肩や胸、お腹や太ももの筋肉がのびているなら、あなたの体はやわらかいほうです。うまくできなかった方は、5種類の1分ねじれ筋のばしすべてにある「できない人はまずはここから始めよう」で体をほぐすことをおすすめします。

check

□ 肩甲骨まわりチェック

壁に前腕をつけ、壁と反対側を向くように
体をひねれるか

check

□ 股関節チェック①

長座し、足首を90度に曲げて
太ももやひざを持てるか

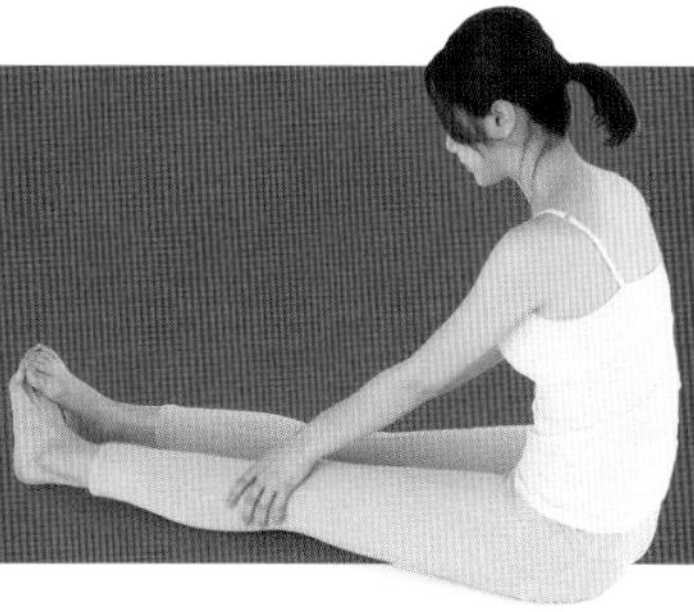

check

□ 股関節チェック②

前後に開脚し、ひざに手をつき、
ひじをのばせるか

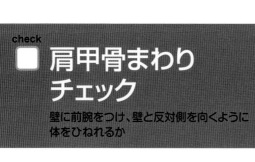

内
ねじり

歯磨きしながら
テレビを見ながらでもOK

1分ねじれ筋のばし❶

腕ねじ胸のばし

二の腕・お腹やせに効くで！

ココに効く！

広背筋や腹斜筋、菱形筋が使えるようになり、縮んだ大胸筋、小胸筋がのびる

Standby

壁から少し離れ、肩幅程度に足を開いて立つ。肩とひじを同じ高さにし、壁に前腕をつける

1. 腕を手前に180度ねじる

右の前腕を手前側に180度ねじり、指先を真下に向ける

2. 体をゆっくり外に向ける

1の姿勢から、体ごと90度真横に向ける。自然に呼吸をしながら、この姿勢を1分キープ。反対側も同様に

肩が上がったり痛みがあったりする場合は前腕の角度をゆるめるところからスタート

できない人は

まずはここから始めよう

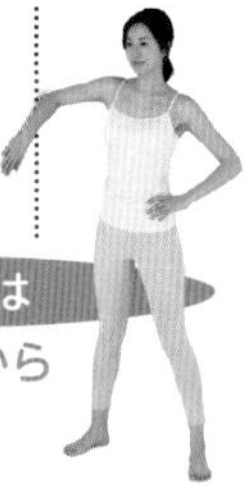

ひじが上下する

ひじの位置は動かさない。ただし四十肩、五十肩の人は痛まない位置に動かしてOK

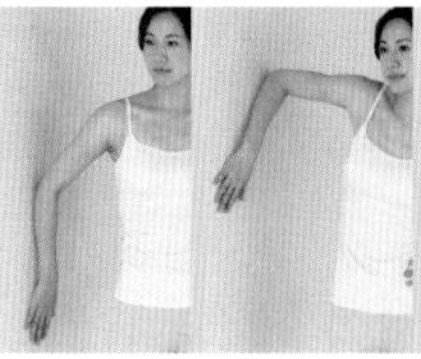

NG✕

腕を手前側にねじると肩から背中、奥側にねじると背中の筋肉が使えるようになるので、わき腹が引き締まってくびれ復活に役立ちます。さらに過剰に使っていた二の腕や肩まわりの筋肉を休められ、胸や背中の筋肉が使えるように。二の腕がほっそりして猫背や肩こり、すくみ肩、巻き肩も緩和されます

外 ねじり

Standby

壁から少し離れ、肩幅程度に足を開いて立つ。肩とひじを同じ高さにし、壁に前腕をつける

1. 腕を後ろに30度ほどねじる

右の前腕を奥側に30度ほどねじる

2. 体をゆっくり外に向ける

1の姿勢から、体ごと90度真横に向ける。自然に呼吸をしながら、この姿勢を1分キープ。反対側も同様に

体が前後左右に動く

肩関節の可動域が狭いと肩や足が前後左右に動きがち

NG ✕

前腕をひねるのが難しい人は、できる角度からでOK。少しずつ理想の角度に近づけよう

できない人は

まずはここから始めよう

1分ねじれ筋のばし❷

脚ねじ裏のばし

お尻・太もも・ふくらはぎやせに効くで！

Standby

床に座り脚を揃えて前にのばす。ひざ裏は床につくように

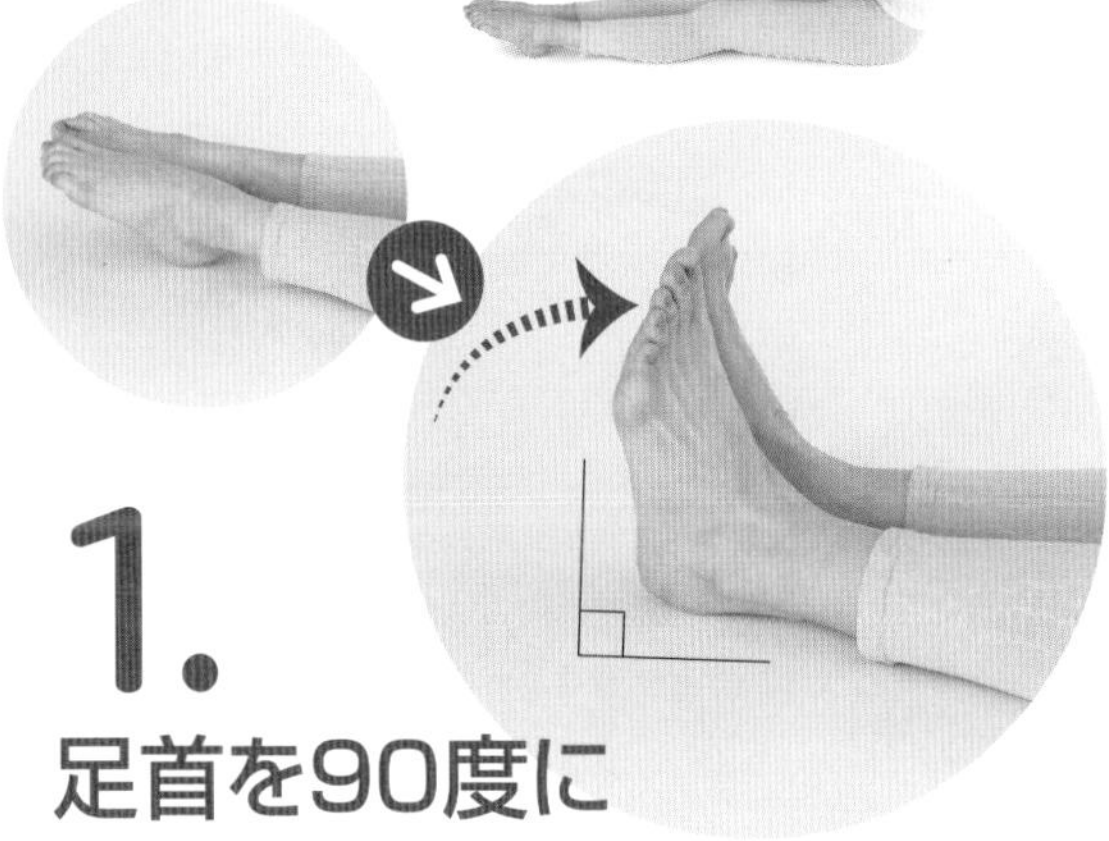

1. 足首を90度に

足首をしっかり曲げ、
90度に近づける

ココに効く！

半腱様筋や半膜様筋、腓腹筋、ヒラメ筋が使えるようになり、大腿二頭筋をストレッチ

2. 脚を内にねじる

両足先を真上に向けてから内側に傾け、交差させる。左右どちらのつま先が上になってもOK

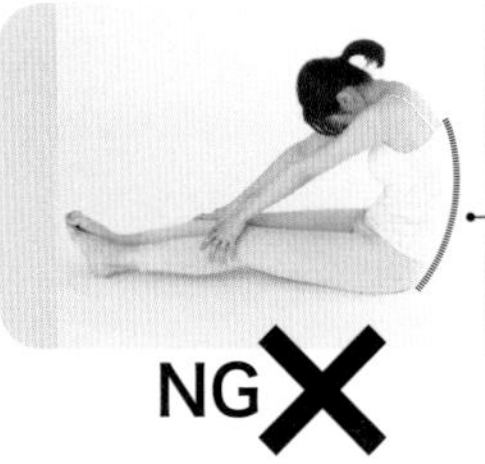

骨盤が後傾

脚の裏側がのびない人は腰が後ろに倒れてしまう

NG✕

郵　便　は　が　き

料金受取人払郵便

新宿北局承認

9014

差出有効期間
2024年 2 月
29日まで
切手を貼らずに
お出しください。

169-8790

154

東京都新宿区
高田馬場2-16-11
高田馬場216ビル 5 F

サンマーク出版愛読者係行

ご 住 所	〒　　　　都道府県	
フリガナ		☎
お 名 前		(　　　)
電子メールアドレス		

ご記入されたご住所、お名前、メールアドレスなどは企画の参考、企画用アンケートの依頼、および商品情報の案内の目的にのみ使用するもので、他の目的では使用いたしません。
尚、下記をご希望の方には無料で郵送いたしますので、□欄に✓印を記入し投函して下さい。
□サンマーク出版発行図書目録

1 お買い求めいただいた本の名。

2 本書をお読みになった感想。

3 お買い求めになった書店名。

市・区・郡　　　　町・村　　　　書店

4 本書をお買い求めになった動機は?

・書店で見て　　　・人にすすめられて
・新聞広告を見て（朝日・読売・毎日・日経・その他＝　　　）
・雑誌広告を見て（掲載誌＝　　　）
・その他（　　　）

ご購読ありがとうございます。今後の出版物の参考とさせていただきますので、上記のアンケートにお答えください。**抽選で毎月10名の方に図書カード（1000円分）をお送りします。**なお、ご記入いただいた個人情報以外のデータは編集資料の他、広告に使用させていただく場合がございます。

5 下記、ご記入お願いします。

ご職業	1 会社員（業種　　）	2 自営業（業種　　）	
	3 公務員（職種　　）	4 学生（中・高・高専・大・専門・院）	
	5 主婦	6 その他（　　）	
性別	男・女	年齢	歳

ホームページ　http://www.sunmark.co.jp　ご協力ありがとうございました。

脚を内にねじることで、太もも裏側の筋肉が使えるようになり、過剰に使って張り出していた太ももの外側やお尻まわりの筋肉が細くなります。足首を曲げることで、ふくらはぎ裏側ものびて血流がよくなり、脚のむくみもオフ。歩行時の疲れや痛みも緩和できます

3. 足首をつかむ

上半身を前に倒し、
左右の足首をつかむ

4. ひじをつく

さらに上半身を倒し、両ひじを脚につける。自然に呼吸をしながら、この姿勢を1分キープ。最終的に足先を持てるようになろう

足首がのびる

脚を内にひねったときに
足先が前を向く

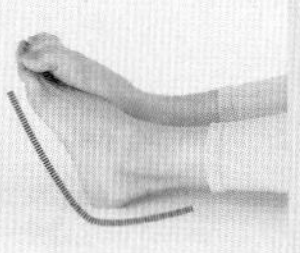

NG ✕

骨盤が後傾している人は、足首を90度にし太ももを持つところからスタート。足先を持てるようになるのがゴール

できない人は
まずはここから
始めよう

1分ねじれ筋のばし③

脚ねじ内のばし

ココに効く!
内転筋と半腱様筋、半膜様筋が使えるようになる

Standby

床に座り脚を揃えて前にのばす。ひざ裏は、できるだけ床につくように

1. 脚を左右に開く

脚を左右に大きく開いていく

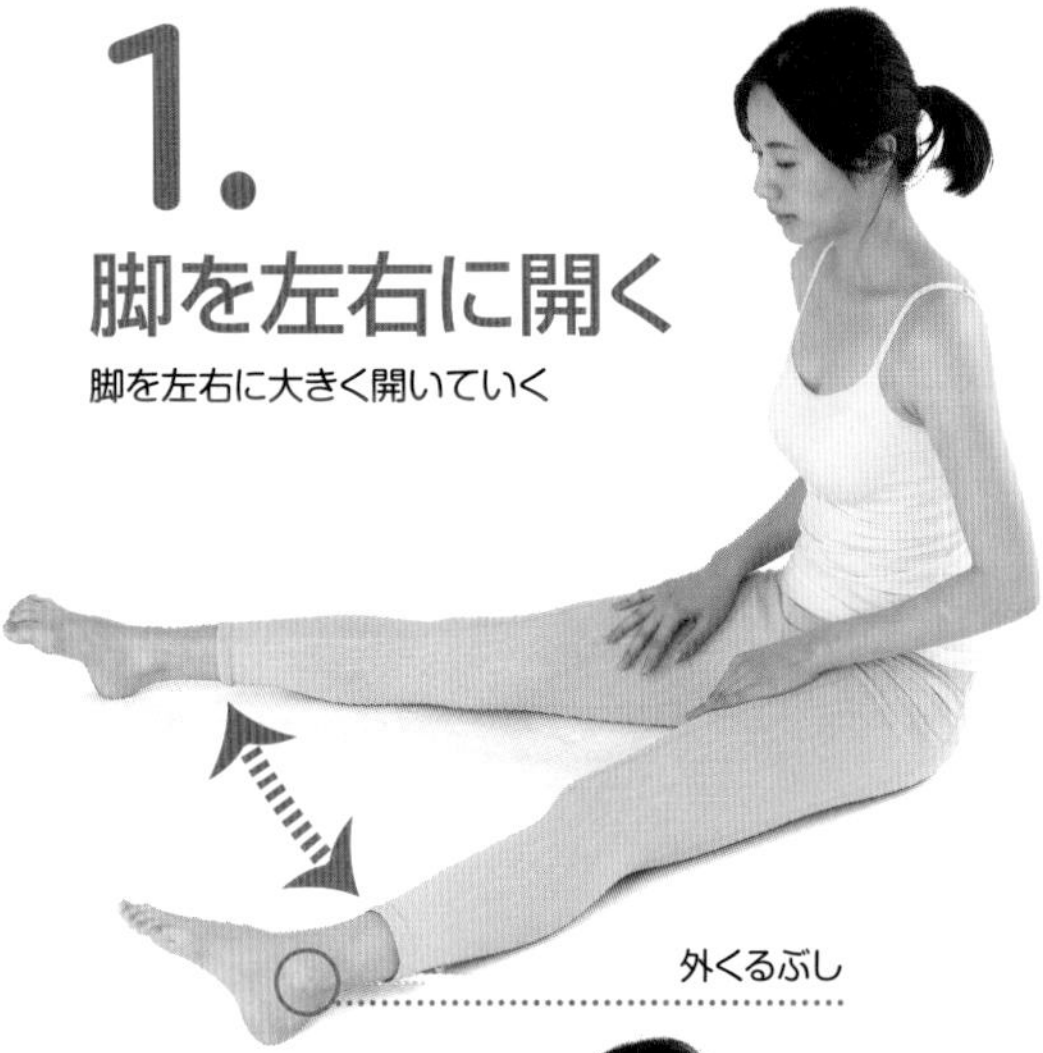

2. つま先を立て脚を外ねじり

両足先は外側に向け、外くるぶしをできるだけ床に近づける

ねじっ

つま先が内を向く

つま先が内側に傾いたりのびたりしやすいので気をつけよう

NG ✕

開脚して脚を外にねじることで、太もも内側と裏側の筋肉を使えるようになります。過度に使っていたお尻や太ももの外側の筋肉が休まり、太ももの上半分とお尻が引き締まるように。靴を履く、足元の物を拾うなどのしゃがみ動作も楽になるはずです。体の硬い人は2と3をもう1回行うと開脚しやすくなります

3.

ひじを床につく

床に両手のひらとひじをしっかりつける。
自然に呼吸をしながら、
この姿勢を1分キープ

のびー
内ももともも裏を1分のばし続ける!

✕NG

ひざや腰が曲がる

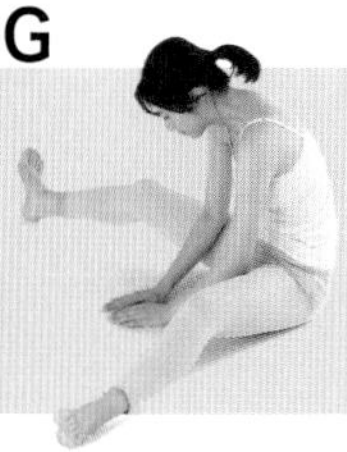

ひざや腰が曲がっていると太もも裏側の筋肉をのばせない

体の硬い人は脚を45度程度開くところから始めよう。腰が曲がる人は、腰の左右に手をついて背すじをのばすと、太もも裏側への効果を得やすい

45度

できない人は

まずはここから始めよう

1分ねじれ筋のばし④

ねじれ筋のばし

お腹・太ももやせに効くで!

ココに効く!

大腰筋と腸骨筋、腹直筋がよくのびる

Standby

ひざ立ちになったら
左足を前に出す

1. 脚を前後に開く

右足首とつま先を真後ろにのばし、
右太ももを床に近づける

脚を開けない人は、足
を体の近くにつくとこ
ろから始めよう

できない人は
まずはここから
始めよう

NG

ひざが前に出る

ひざを前に出しすぎると、ひ
ざを痛めるおそれが

脚を前後に大きく開いて上半身を起こすと、お腹から太ももの奥深くの大腰筋がしっかり働くようになり、お腹の筋肉ものびるので、お腹と太ももを同時に細くする効果が得られます。朝起きたときや前かがみになったときに感じる、腰の痛みを楽にする効果も

2.
上半身を反らせる

左ひざに両手をついてひじをのばし、
上半身を起こして1分キープ。
呼吸は自然に続ける。
反対側も同様に行う

大腰筋を1分のばし続ける！

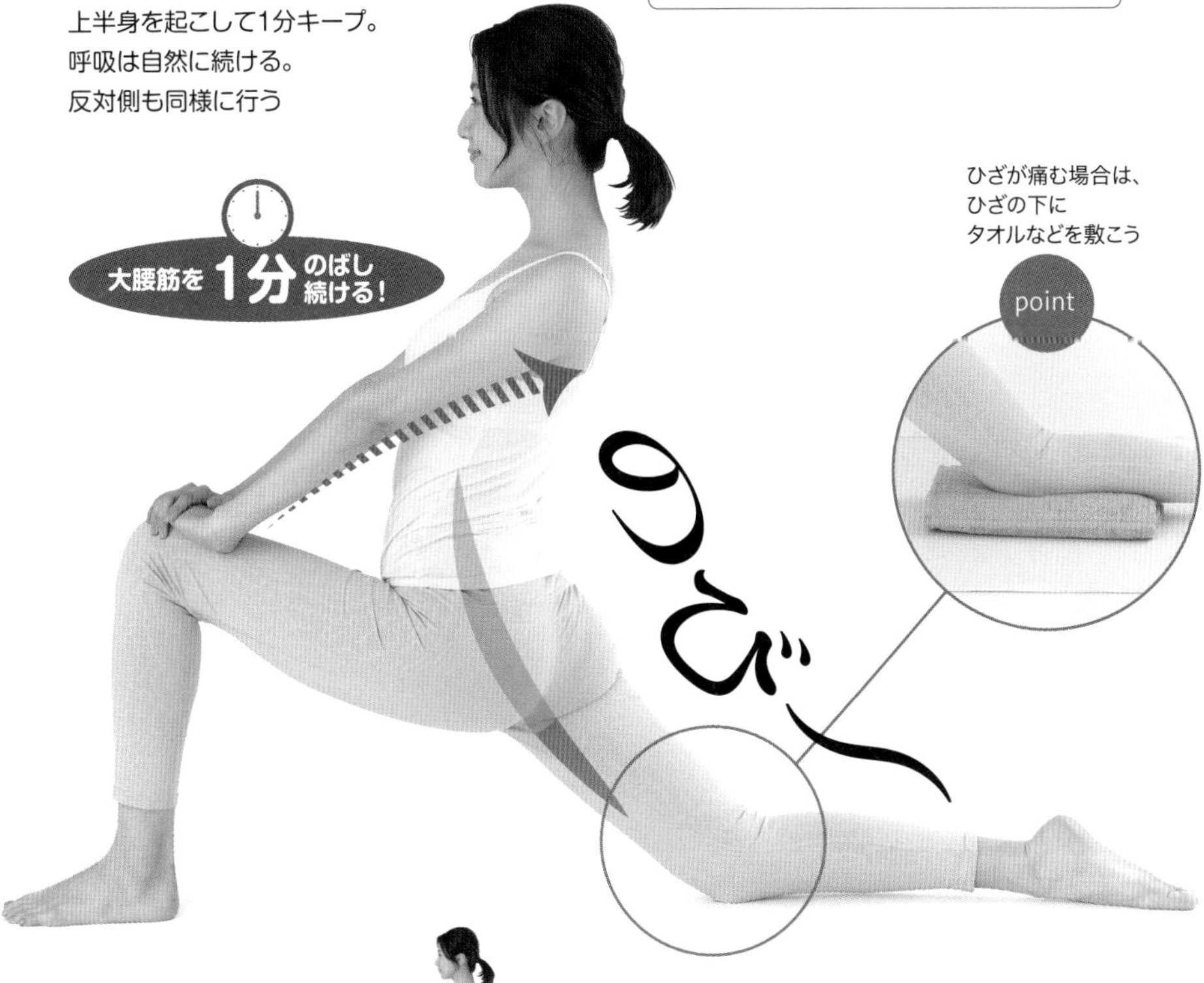

ひざが痛む場合は、
ひざの下に
タオルなどを敷こう

NG

後ろ足のつま先を曲げる

後ろ足のつま先が立つと
大腰筋がのびにくい

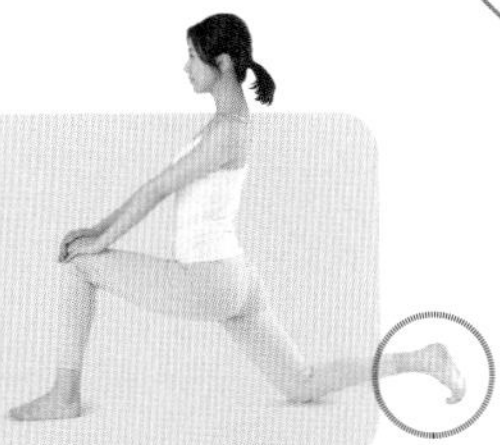

肩をすくめる

ひじをのばすときに肩が
すくむと、大腰筋はのびに
くい

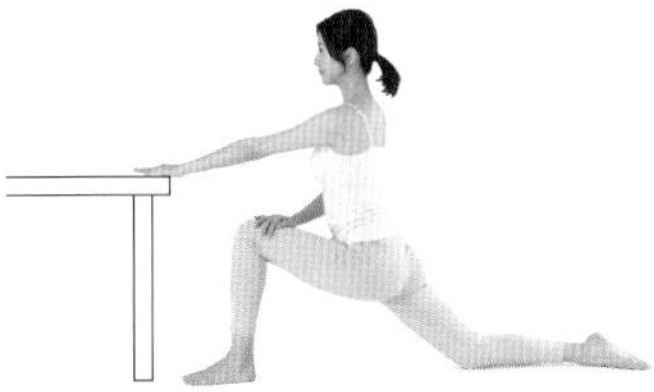

上半身を起こすとグラつく場合は机などに手をつこう

1分ねじれ筋のばし❺

腰ねじ脚戻し

お腹凹ませに効くで！

ココに効く！

腹横筋と腹斜筋が使えるようになる

Standby

あお向けになり、肩の高さで腕を左右に広げて手のひらは床に。両ひざを立てる

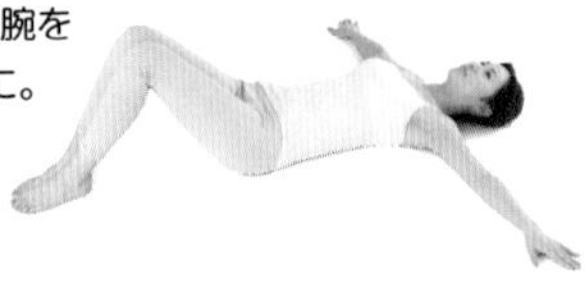

1. かかとをお尻に寄せる

かかとを、できるだけひざの真下に引き寄せる

ひざをつける

2. ひざをゆっくり倒す

両ひざを揃えたまま右に倒す。
肩はなるべく床につけたまま、
太ももの外側を床につけるようにする

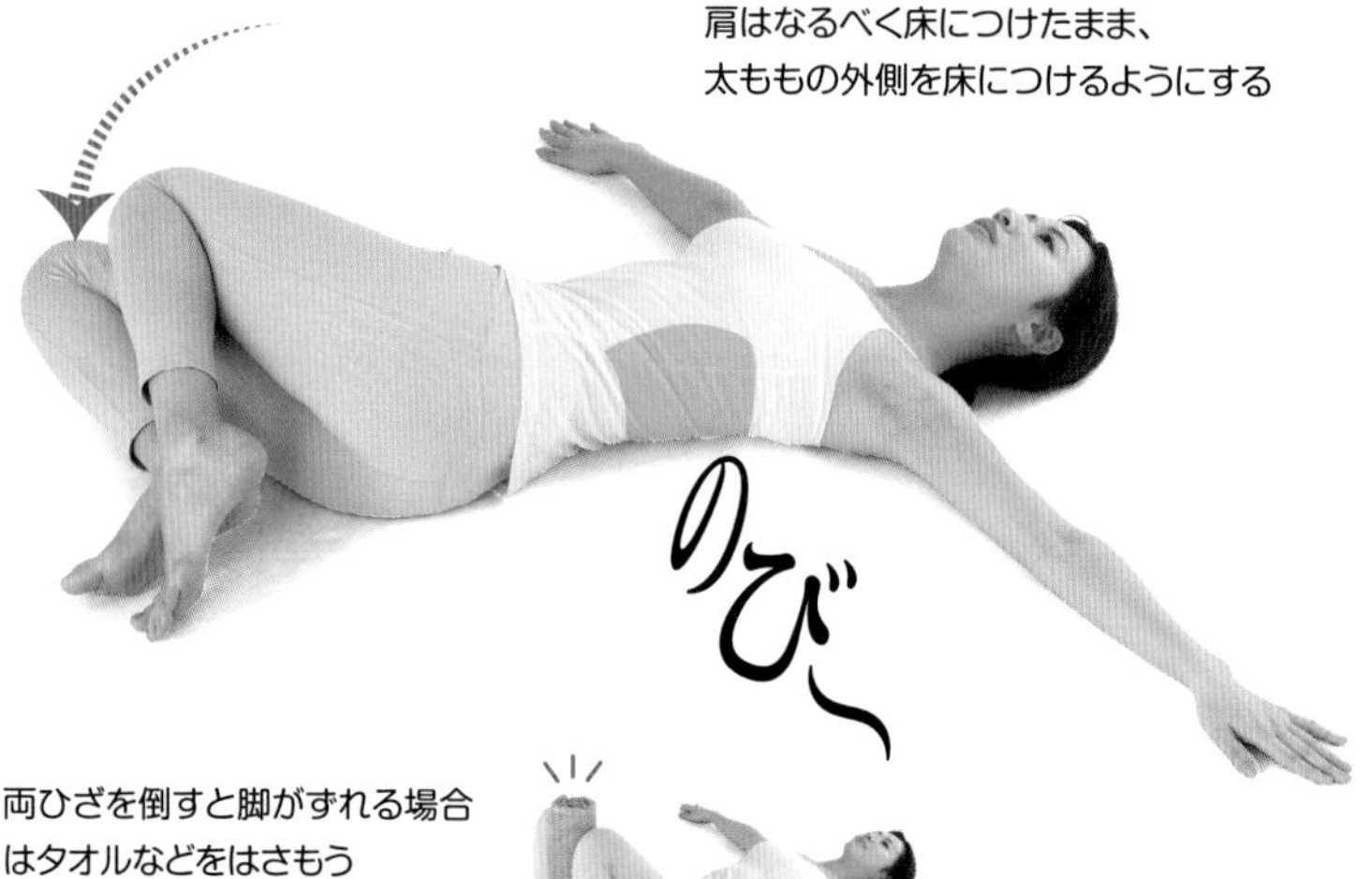

両ひざを倒すと脚がずれる場合はタオルなどをはさもう

できない人は

まずはここから始めよう

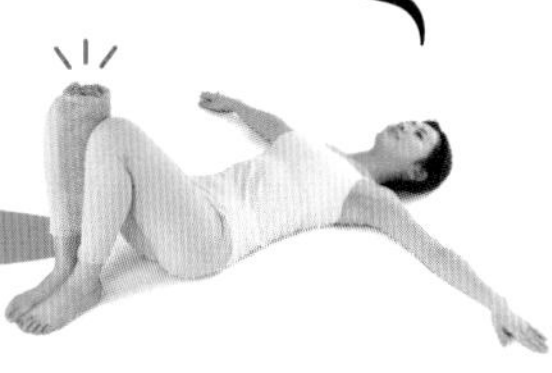

ウエストあたりの背骨をよく動かすことで、わき腹にある腹横筋や腹斜筋が使えるようになるので、ウエスト引き締めに効果的です。姿勢も改善し、胃下垂が解消されて満腹感を得やすくなるため食べすぎ防止効果も。ゴルフのスイングやシートベルトを締める動作なども、しやすくなります

3.

お腹を凹ませて
ひざを戻す

お腹を凹ませる力で、
倒したひざを3秒かけてゆっくり元に戻す。
先にお腹に力を入れると、両脚が起き上がってくる感覚がある。
呼吸は自然に行おう。ひざを左右交互に5回ずつゆっくり倒して戻す

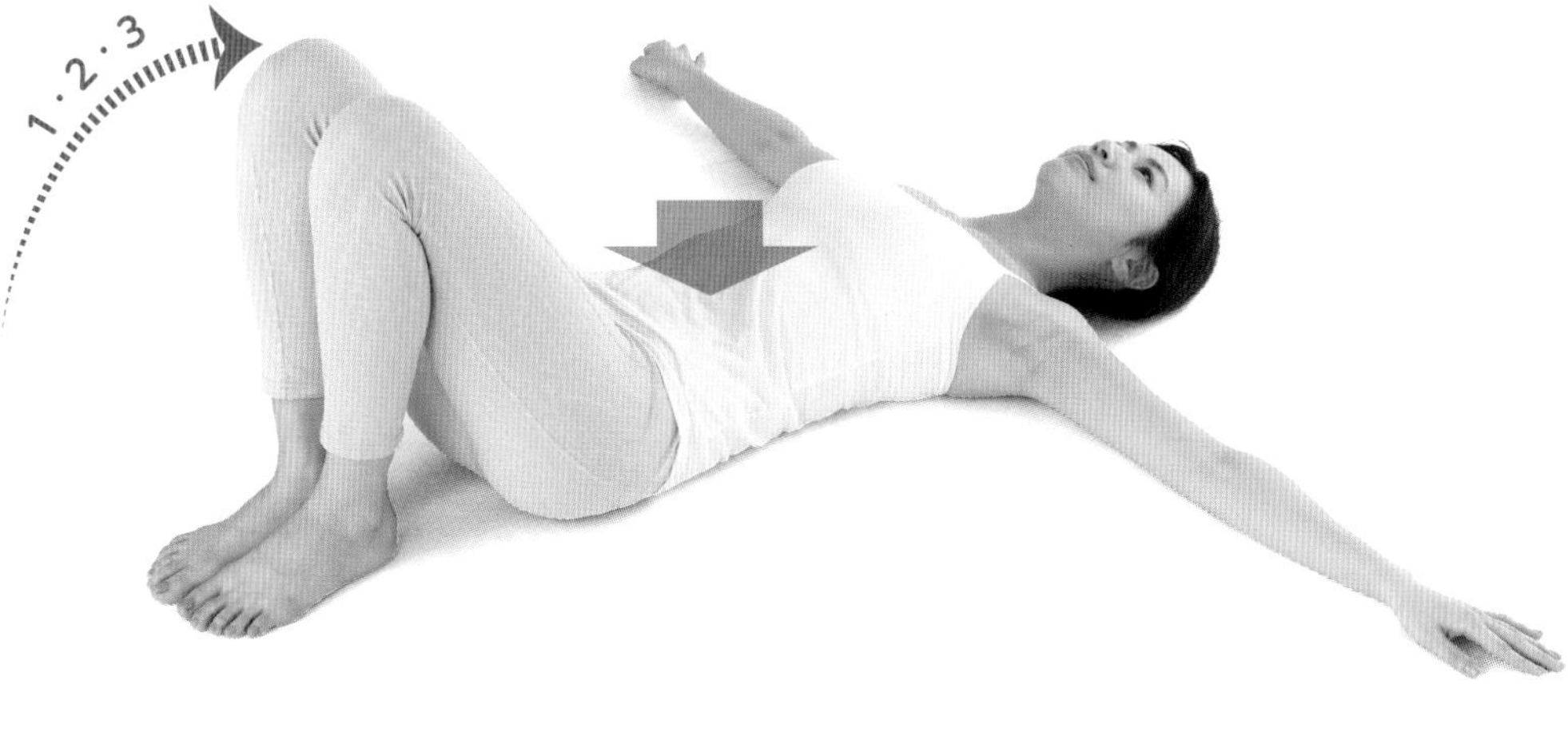

NG ✕

肩が浮く

肩が浮くと、お腹の筋肉ののびが悪くなる

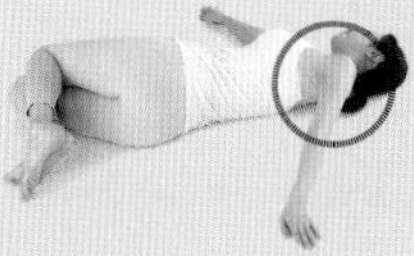

ひざを すばやく戻す

倒したひざをすばやく元に戻すと太ももの外側の筋肉を使うことに

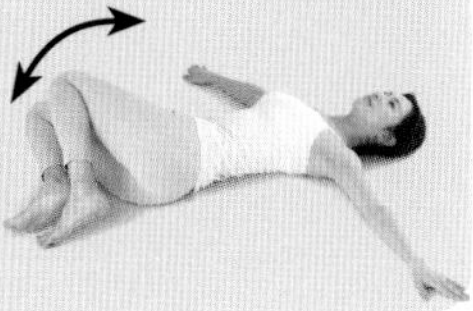

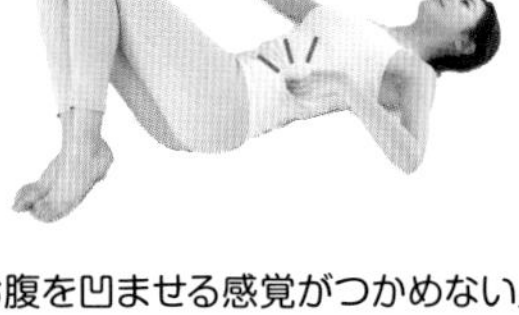

お腹を凹ませる感覚がつかめない人は、倒したひざの反対側のわき腹を手で触れよう。わき腹が硬くなっていればOK

さらに効果アップ▶1

ハムストリングスのばしで脂肪減を加速させる

股関節やひざ関節の可動域を取り戻すには、ひざをしっかりのばすことも有効です。ひざ関節が曲がっていると股関節はのびず、下半身の関節が動きにくくなってミトコンドリア筋が使えない状態に。これを、しっかりひざをのばすことでリセットします。

階段を上るときに、後ろ足で地面を蹴る直前にひざをしっかりのばしましょう。のびていた太もも前面の筋肉が縮み、縮みっぱなしだった太もも裏の筋肉がのびて、働きを取り戻します。これだけで、太ももの筋肉の脂肪燃焼効果は高まるのです。

後ろ足で、地面を蹴る瞬間にひざをしっかりのばす。立ち姿勢での家事やシャワーなどでも、ひざをしっかりのばすことを意識して

さらに効果アップ ▶ 2

何をするのも面倒なら母趾球重心でやせる！

関節の可動域がなかなか改善しない場合、かかとや足裏の外側に体重が乗って太ももの筋肉が使えていないことが多いようです。そんなときは足の親指の付け根にあるふくらみ（母趾球《ぼしきゅう》）に1分ほど体重を乗せましょう。足の甲がのびる感覚があればＯＫです。

外側に向いていたひざ頭が正面か、やや内側に向くようになり、ひざが閉じて、内ももの内転筋群を使えるようになります。すると内ももが引き締まり、太ももの付け根にすき間ができて脚が細くなるのです。レッグラインがきれいになるだけでなく立ち姿や歩き方もきれいになるので、ぜひ試してみてください。

デスクワークで座っているときなどに、しっかり曲げてよく動かすようにすると、重心が母趾球側に移動しやすくなる

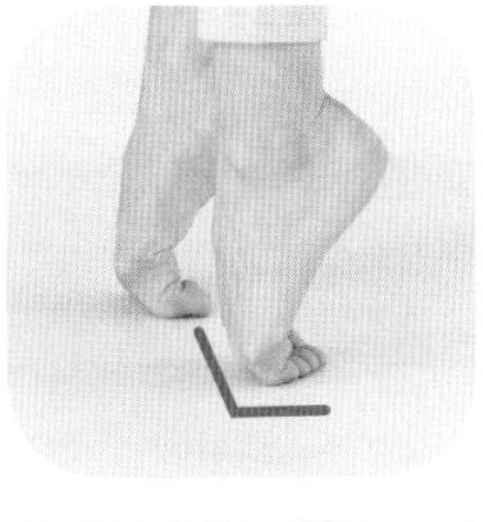

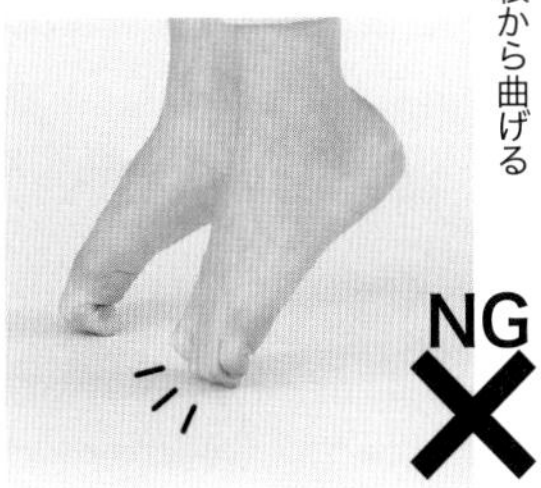

指だけ曲げるのではなく、付け根から曲げる

筋トレを頑張っても やせなかった人がやせる秘密

筋トレで鍛えるのは、おもに白筋と呼ばれる筋肉です。体の表面近くにあるためアウターマッスルとも呼ばれるこの筋肉は、ミトコンドリアが少ないという特徴があります。そして脂肪ではなく、体内に蓄えられた糖質（グリコーゲン）をエネルギー源とする、いわば「糖質燃焼筋」です。ですから重たい物を扱い頑張って筋トレをしても、実際に燃えるのは糖質ばかり。運動中には体に溜め込んだ脂肪があまり使われないので、直接的なダイエット効果は期待できません。

筋トレ自体のエネルギー消費量は、たとえ高強度の相当つらいメニューをじっくり30分行ったとしても、わずか200kcal程度。おにぎり1個ほどのエネルギーしか消費できないため、きついわりにはやせられないのです。

1分ねじれ筋のばしで使うのは、おもに赤筋と呼ばれる筋肉。体の奥で姿勢を維持するために使われる筋肉なので、のばすだけで十分刺激できます。ずっと頑張り続けて鍛える必要はありません。しかもミトコンドリアをたっぷり含んでいるので、姿勢を維持するときに使われ続けるようになれば、体内に蓄積した脂肪を分解してエネルギーに変えてくれます。つまり体脂肪は減っていきやすくなるということです。

筋トレを頑張っても、なかなかやせなかったけれどやせられたという方が多いのは、糖質と脂質という筋肉のエネルギー源の違いが関係しています。糖質をメインに燃やすアウターマッスルを使うより、脂質を燃やすミトコンドリア筋が勝手に使われる体になったほうが、より効率よくやせられるということです。

つらい痛みやこりが解消し便秘などの不調まで消える

慢性的な痛みやこりの多くは、猫背などの悪い姿勢を続けることで起こるものです。一部の筋肉が過度に緊張してこり固まり、血管が圧迫されて血流が滞ることで痛みや不快感が生じるようになります。具体的には、血行が悪くなると体内の老廃物が排出されず、痛みを誘発する疲労物質が溜まって痛みやこりが生じるのです。また、**筋肉の過緊張が続くと、筋繊維が損傷して痛みが出ることもあります。**

1分ねじれ筋のばしをすると、骨格や関節を支えて姿勢を保持する筋肉が伸縮性を取り戻して働きがよくなるので姿勢が改善し、滞った血流も回復していきます。痛みやこりを呼んでいた根本の原因を取り除けるので、腰痛や肩こりなどが消えるのです。

頭痛や首こり、顔のむくみも、おもに猫背などの姿勢により、首の後ろや頭、額の筋肉がこり固まって、血流が阻害されることから起こります。1分ねじれ筋のばしで姿勢を改善できれば、筋肉がほぐれて血流が改善。その結果、頭痛や首こり、顔のむくみまで、もれなく解消できるということです。

ほかには「便秘が解消した」という声も、よく聞きます。お腹の深部にある腹横筋が目覚めるので腹圧が高まり、便が出やすくなったことが考えられます。

このように1分ねじれ筋のばしは、ダイエット効果だけでなく、不調の解消にも役立つのです。

1分ねじれ筋のばし Q&A

Q ❷と❸で太ももの内側や裏側がちぎれそうです

A 太ももの内側や裏側の筋肉を動かすことのない方は硬く縮んでいるため、そうなりがちです。❷と❸は、まさにここをのばすためのものですが、最初は少しゆるめてもOK。続ければ必ず楽にできるようになります

Q 何度やっても同じところまでしかのばせません

A 体の硬い方ほど力みがちで、力んだままのばすと痛むため可動域を広げられなくなります。そんなときは呼吸を変えてみましょう。ゆっくり大きく呼吸するとリラックスしてのばしやすくなります

Q 腰が痛くなることがあって不安です

A 腰が痛むということは、のばしたい部分がのびていないということです。肩に力が入っていると腰が痛むことがあるので、3秒ほど肩に力を入れてギュッと上げてからストンと下ろすと肩の力は抜けます

Q 早く結果を出せそうなもっとのびるやり方に変えていいですか

A この本に紹介している安全性に配慮したやり方以外で無理に大きくのばそうとすると、筋繊維が切れるリスクがあります。何かをつかんで引っぱるようなことだけは、絶対にしないでください

Chapter 4

お悩み部分に特効！　とっておきのやせコツ教えます

顔のたるみに効く耳上げ

フェイスラインがたるんで下がってきた、とお悩みの方が増えました。この状態を改善するには、頭蓋骨《とうがいこつ》に貼り付いている皮膚の動きをよくして、耳の付け根と髪の生え際のあいだを広げることが有効です。特に、**耳のまわりの側頭部や額の上の前頭部の皮膚は、もともと動きにくいため、放っておくと顔全体が垂れ下がってしまいます。**

耳を持ち上げる動作をくり返すと耳の位置が上がり、耳からフェイスラインのたるみが消えてシャープな顔に。また、頬もよく動くようになるので、顔全体がほっそりとしてきて口角も上がりやすくなります。笑う機会が減ったり、ずっとマスクをしていたりすると表情筋を動かさなくなるぶん衰えがちです。気になる方は、ぜひお試しください。

1.
耳の上に親指を当てる

耳の付け根と髪の生え際のあいだに、
寝かせた親指の腹を当てよう

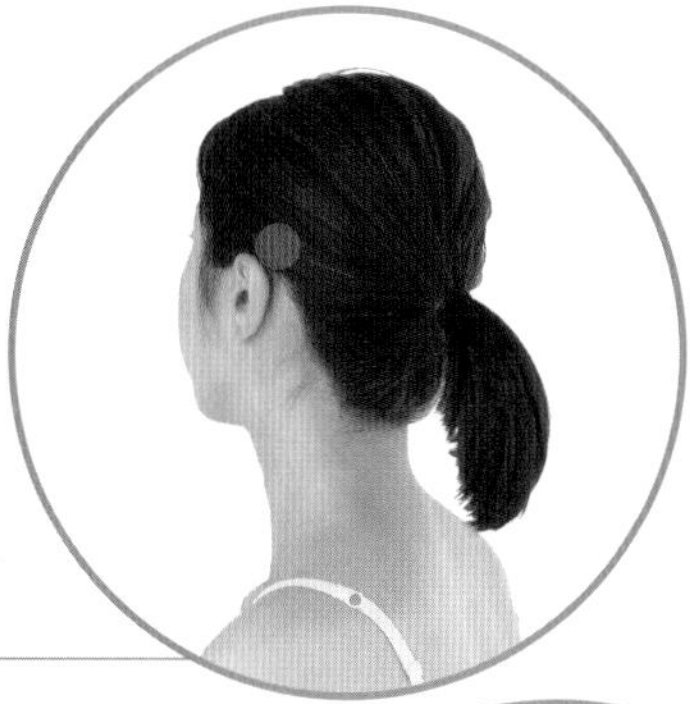

2.
そのまま指を斜め上に

指を当てたまま、耳から引き離すように
皮膚を斜め上に持ち上げる

3.
指の位置をずらして上げる

耳の上から、耳の後ろ、耳の下へと順に、
親指の位置を変えて放射線状に引き上げる。
5か所で3回ずつくり返す

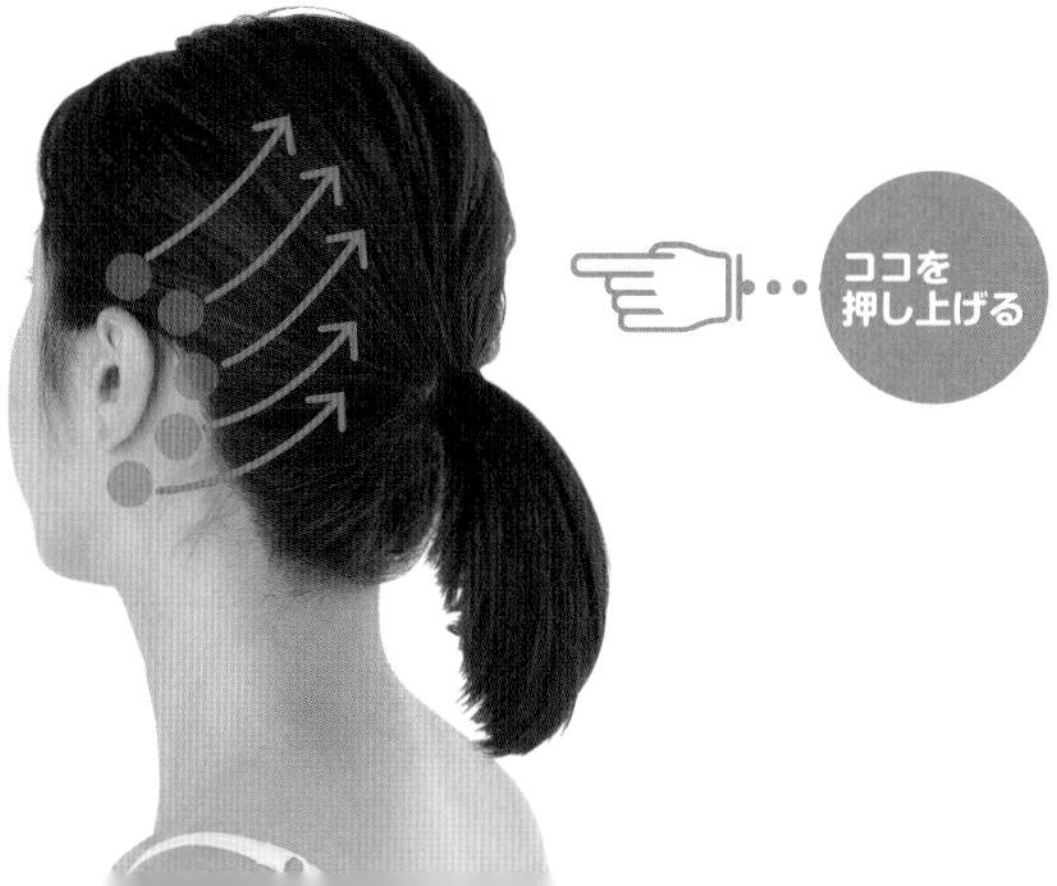

まぶたのはれに効くおでこ上げ

上まぶたのはれぼったさや、下まぶたのたるみが気になる人は「おでこ上げ」がおすすめです。まぶたが目元に覆いかぶさってくると、目が埋もれて小さく見えるようになり顔の印象が激変します。起床時に、まぶたがはれてギョッとした経験のある方には特に有効です。

前頭部や頭頂部が全体的に下がってくると、まぶたが目にかかったり下まぶたがたるんだりしやすくなります。額から頭頂部までしっかりと持ち上げることで、ほぐしましょう。頭蓋骨に貼り付いている頭皮の動きがよくなり、下がっていた額から前頭部、頭頂部が上がります。

続けるうちに目尻が上がって目もぱっちりし、アイラインも引きやすくなるはずです。

1.
頭に指を当てる

両手の指先を髪の生え際から
頭頂部に向けて当てる

2.
頭皮を押し上げる

頭皮に指を当てたまま、
頭頂部に向かって頭皮を押し上げる

3.
指の位置をずらす

指の位置を指1本分ずつ上にずらして、
頭皮に指を当てたまま押し上げる

4.
頭皮を押し上げる

同様に指をずらし、5点に分けて押し上げる。
これを3回くり返す

二重あごに効く首の前のばし

顔と首は1枚の皮膚でつながっているので、首の皮膚ののびが悪いと顔の皮膚も下に引っぱられます。すると顔、特にあごのあたりがたるんで二重あごに。これは、首の後ろ側にある僧帽筋が硬く緊張して顔を上に向けにくくなり、首の前がのばせなくなることが原因です。

この場合は、首の後ろにある骨の突起を指で押さえながら顔を上に向けましょう。骨が少し前にスライドすることで、首が後ろに倒れる動きがスムーズになるからです。こうして**首の後ろの詰まりがなくなると、首の皮膚ののびやハリが復活する**のです。

加齢を感じさせる首の横ジワもなくなり、あごから首にかけてのラインが一気に若返ります。

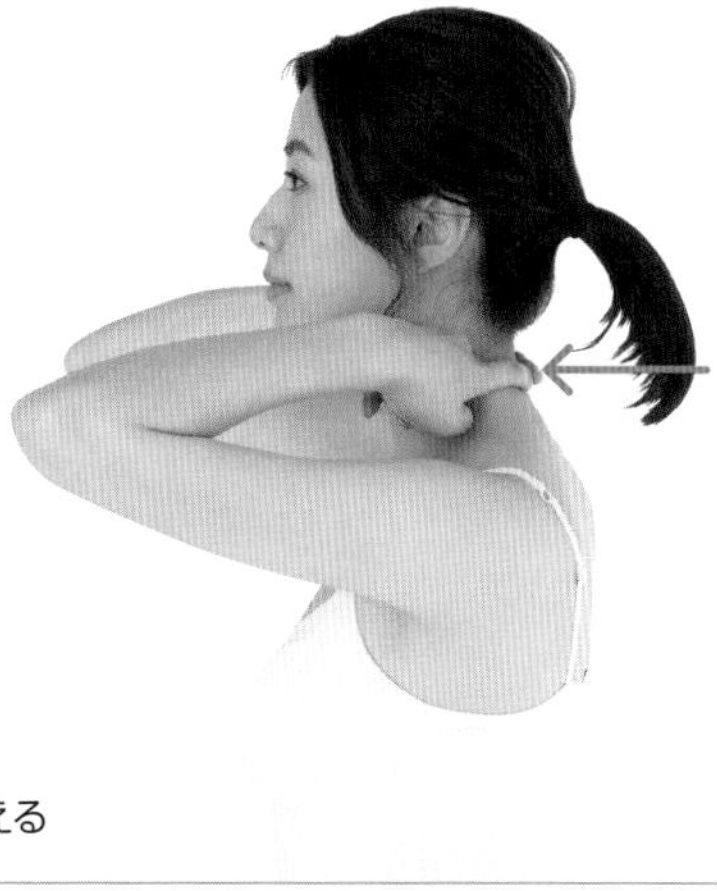

1.
首に指を押し当てる

両手の人差し指を重ねて、
首の後ろのいちばん上の骨の突起を押さえる

2.
顔を上に向ける

そのまま顔を上に向ける。
首の骨が、人差し指を押し返すのを感じること

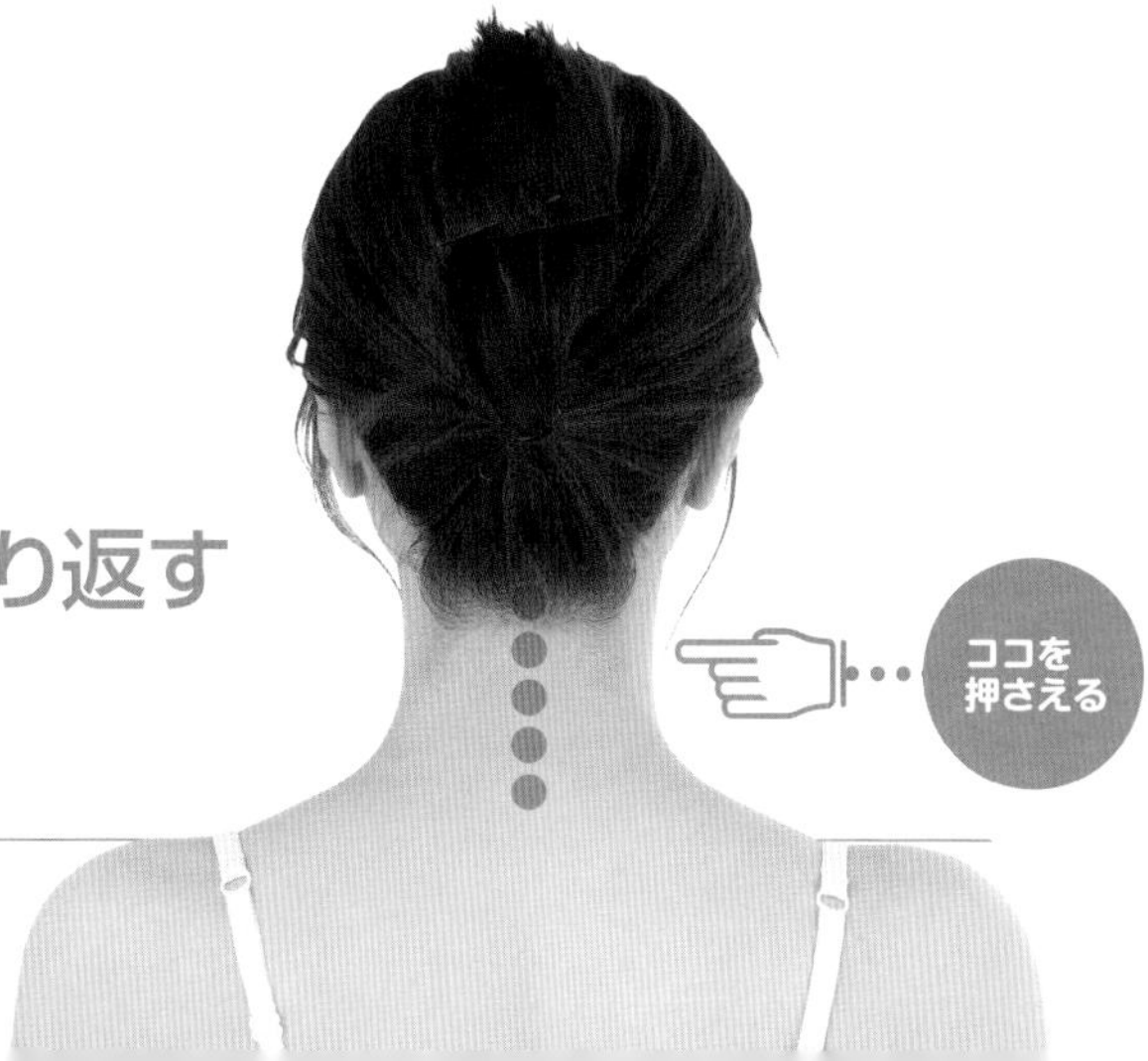

3.
指をずらしてくり返す

指1本分下にずらし、
首の骨を押さえながら上を向く。
5～6か所を1回ずつ押せばOK

ししゃも脚に効くひざ裏指圧

パンパンに張ったふくらはぎをつくるのは、むくみです。この、ふくらはぎのむくみ解消に非常に効果的なのは、ひざ裏を刺激すること。たった1回で効果を実感したという方も多い対処法を、ご紹介しましょう。

ひざ裏は、太ももとふくらはぎの筋肉が入り組んだ部位です。ひざ裏にある横ジワの真ん中を指圧すると、縮みっぱなしでこり固まっていた、ふくらはぎの内側までのびている筋肉がほぐれ、働きを取り戻します。この血流アップ効果でむくみも解消され、ふくらはぎがほっそりしていくのです。むくみだけでなく、脚の疲れが溜まっている方にもおすすめです。

湯船に浸かっているときに行うと、血行がますますよくなって効果が高まるので、ぜひお試しください。

1.
ひざを 90度に曲げる

浴槽にもたれて座り、
片方のひざの角度が
90度くらいになる姿勢をキープ

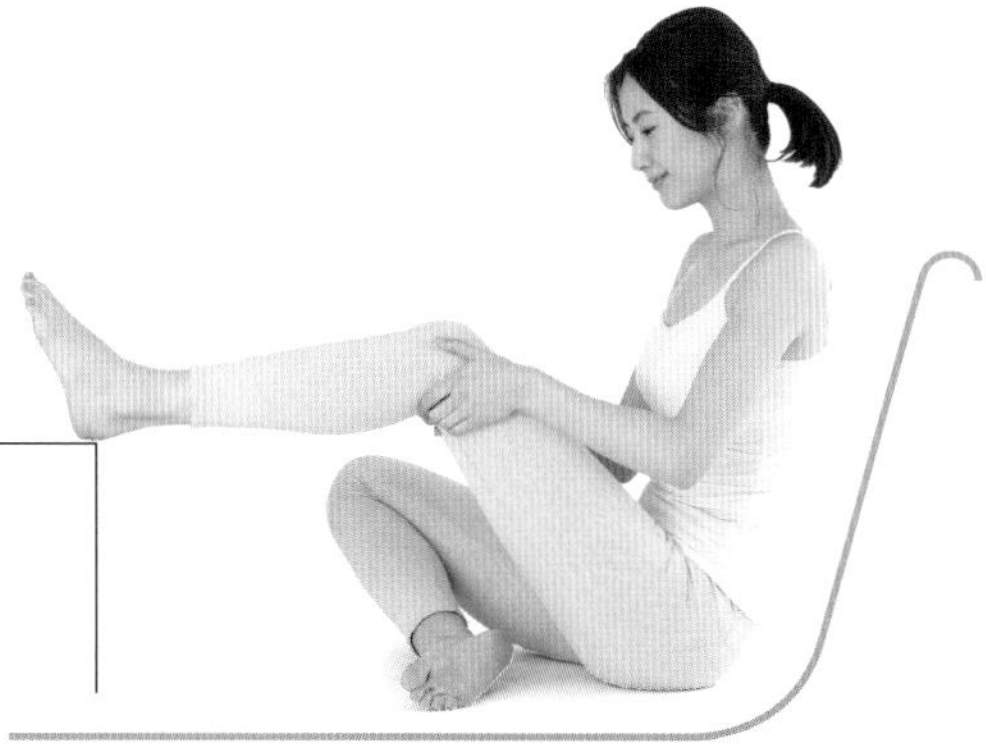

2.
ひざ裏を中指で押す

両手の中指で、ひざ裏の真ん中をつかむようにして
強く押さえる。10秒間の圧迫を3回くり返す

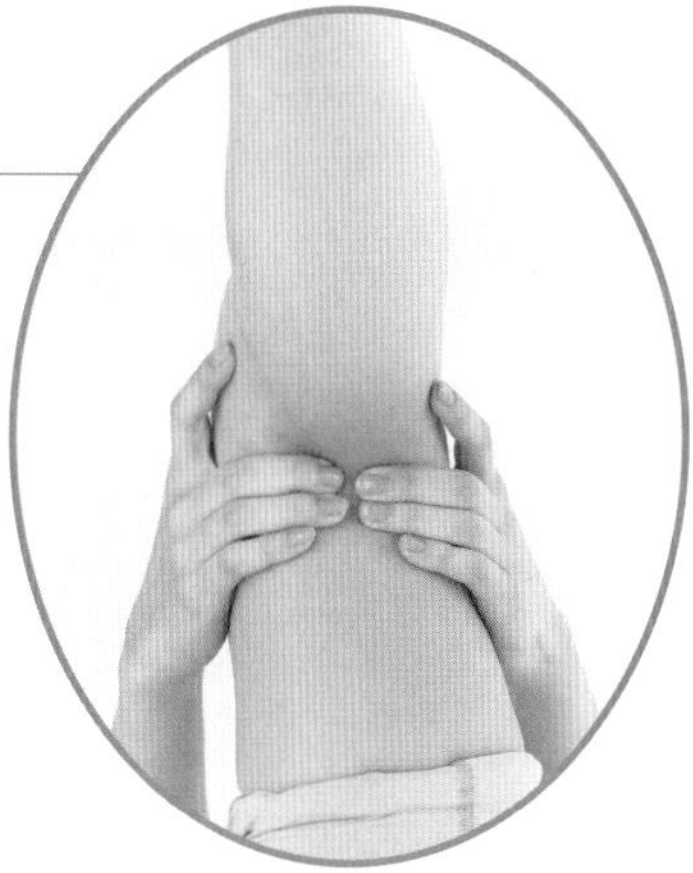

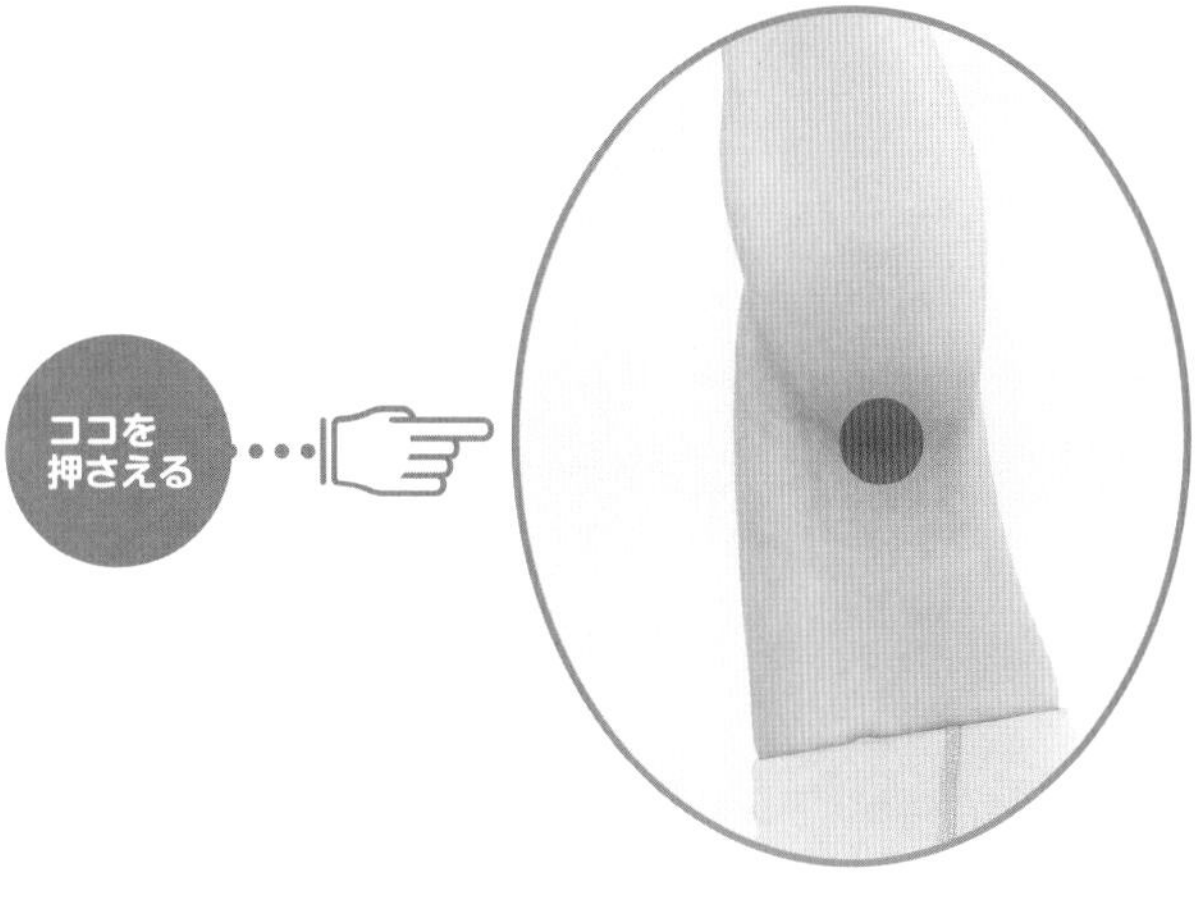

太ももやせに効く足首詰まり指圧

太もものサイズに悩んでいる方の多くは、足首が硬い傾向にあります。しゃがもうとすると尻もちをつくとしたら、足首の前がかなり詰まっているおそれあり。ただ足首が硬いだけでなく、**足首がのびぎみで足の裏が内側に向いていたり、立っていても足の指が床から浮いて反っていたりするとしたら、股関節やひざを痛めやすいので要注意です。**

足首の前が詰まると、太ももを内側にひねりにくくなります。そうすると太もも内側の筋肉が使われなくなって脂肪がつき、外側ばかり使うようになるから太くなるのです。足首の前を指圧でゆるめると、太ももの筋肉が働きを取り戻して細くなっていきます。指圧する前後にしゃがんでみて、指圧後に足首が楽に曲がるようになっていたら、うまくいった証拠です。

1.
床に座る

床に足の裏とお尻をつけて座る

2.
つま先を上げ足首を押す

つま先を上げると、
足首の前に腱が2本浮き出る。
両手の親指で、その腱と腱のあいだにある溝を5秒間、2回ずつ押す

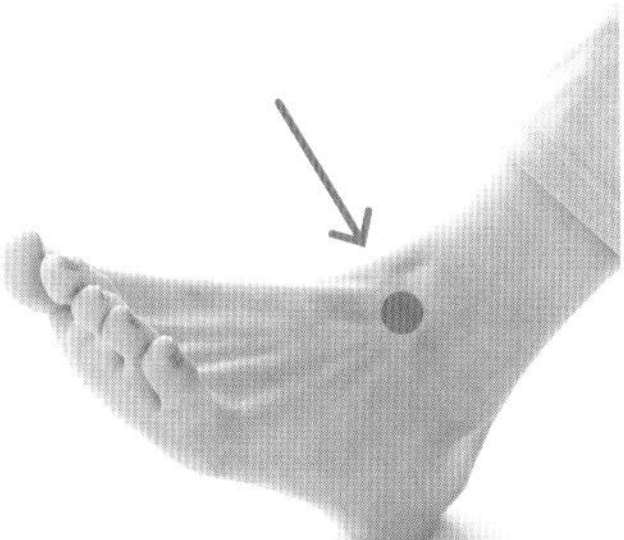

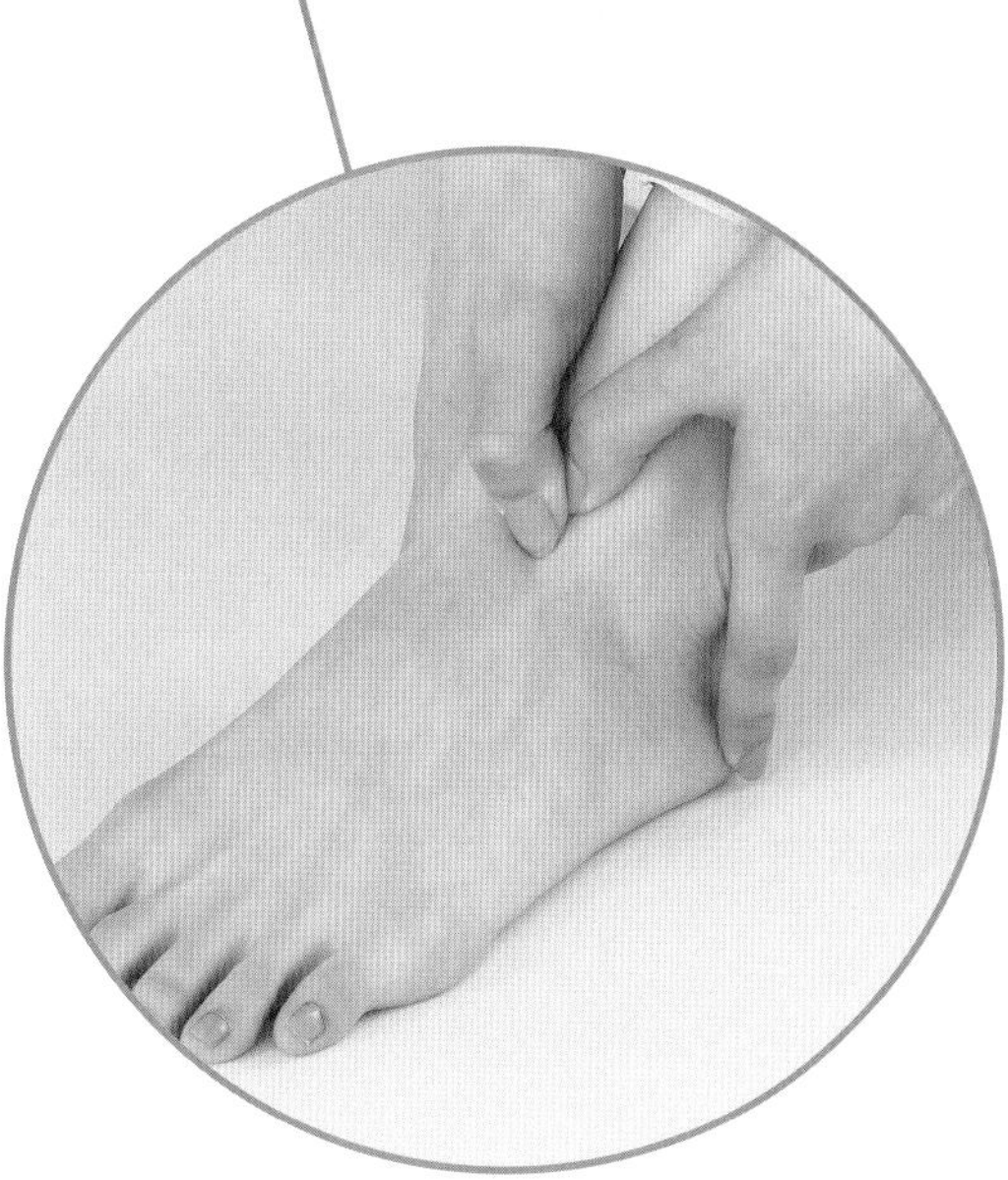

二の腕やせに効く 小円筋めざまし

二の腕の太さやたるみが気になる方は、片腕を真上に上げてから耳の後ろ側にくるようにしてみてください。このとき腕の付け根の上側に詰まり感があるとしたら、肩の奥にある筋肉ではなく、表層にある三角筋と僧帽筋ばかりを使うクセがついています。このクセが肩をすくめがちにして腕の付け根が太くなり、さらに二の腕の筋肉がうまく使えなくなって脂肪もつきやすくなるのです。

このクセをリセットするには、腕を内外にねじる動作が効果的です。肩甲骨の外側にある小円筋も使われるようになり、**肩や腕の筋肉がバランスよく使われて腕がほっそりしていきます**。小円筋めざましの後に腕を上げると、腕が軽く上がることを実感できるはずです。

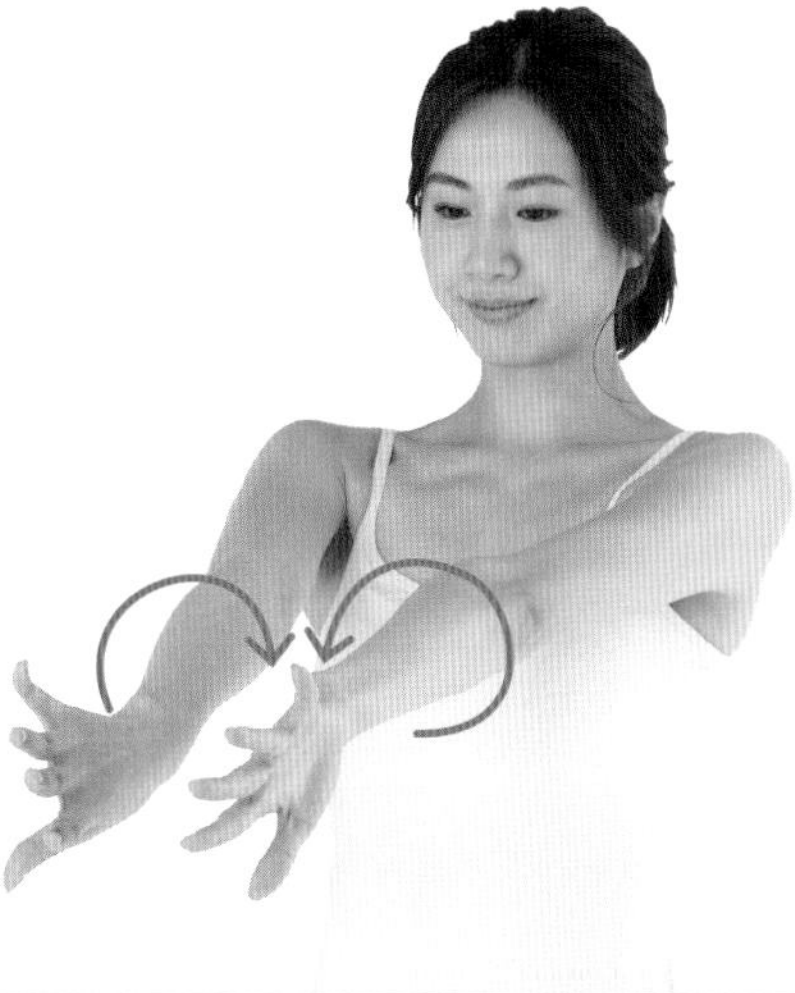

1. 腕を内にひねる

両腕をまっすぐ前にのばしたら、
しっかりと内側にひねる

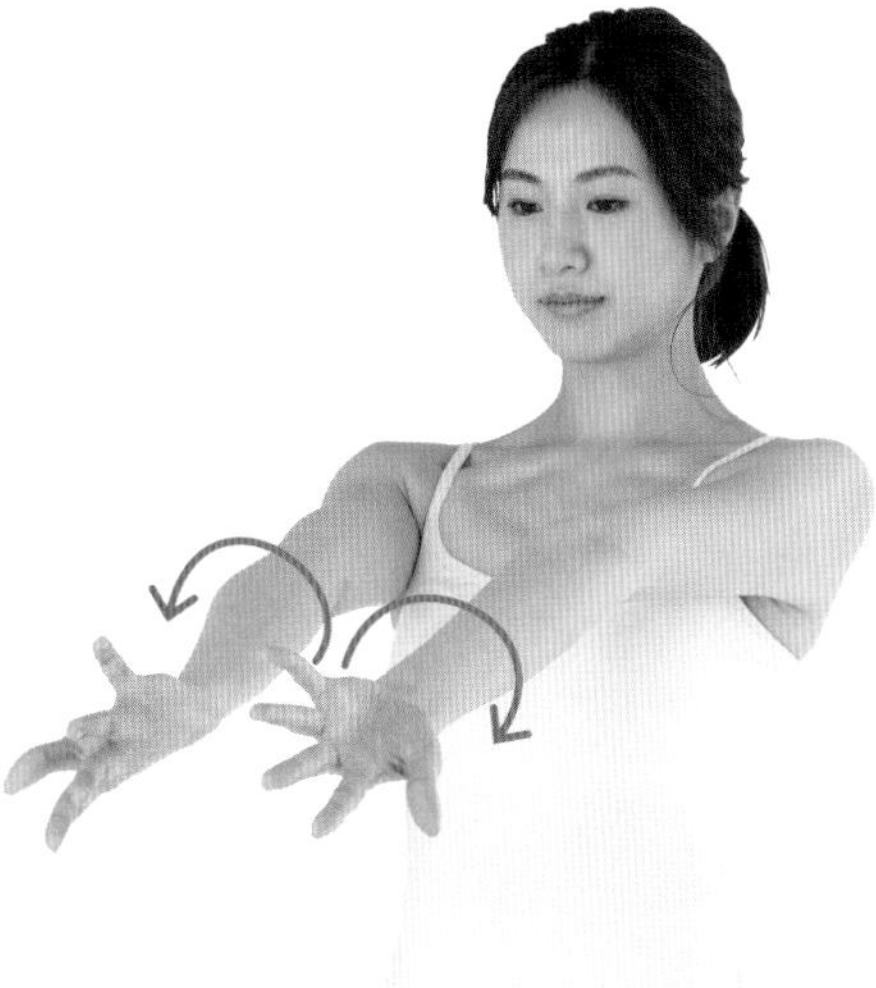

2. 腕を外にひねる

ひじをしっかりのばしたまま、
両腕をしっかりと外側にひねる。
内ひねりと外ひねりを5回ずつ行う

腕をひねるときに、肩甲骨の外側に
触れると小円筋の動きを確認できる

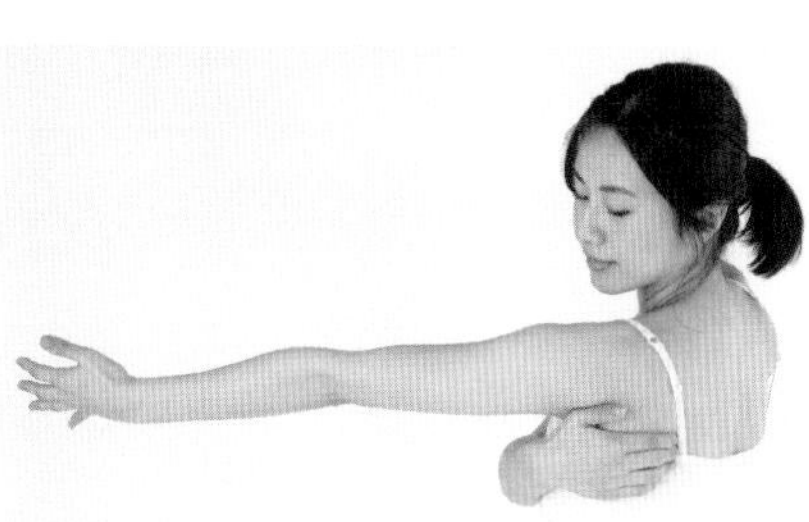

ずんどう解消に効く肋骨調整

ウエストにくびれがないとお悩みの方の多くは、肋骨《ろっこつ》のすそが開いていています。この「すそ開き肋骨」の困った点は、胃の位置が下がって胃が大きくなり、食べすぎを誘発して脂肪の蓄積を加速させることです。

肋骨がすそ開きになる最大の原因は、肋骨と恥骨《ちこつ》のあいだが狭まる、腰が丸まった姿勢を続けることです。腰が丸まると、肋骨を引き締めてウエストのくびれをつくる腹斜筋も縮みっぱなしで働けなくなります。

じつは肋骨のすそ部分はやわらかいので、整形可能です。まず両手で押さえながら、お腹やわき腹をしっかりのばしましょう。縮んでいた腹直筋や腹斜筋がのびて働き始め、肋骨のすそも絞られていきます。たった1回で「くびれができた」と喜んで頂けることも多いのが、この肋骨調整です。

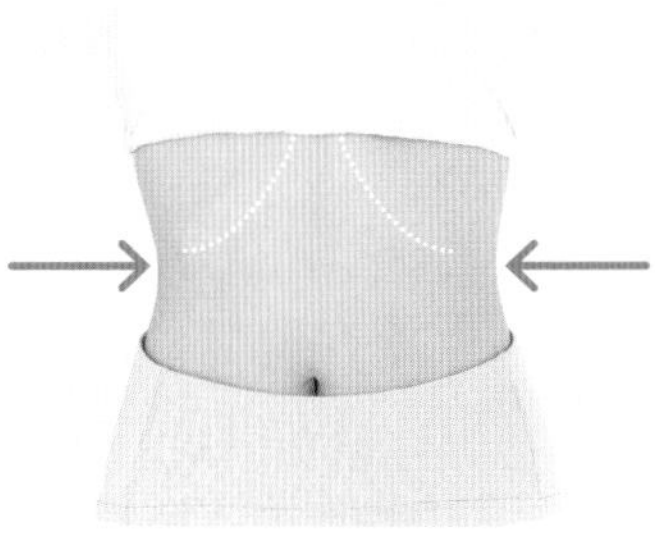

肋骨のすそ部分を
両手で押さえる

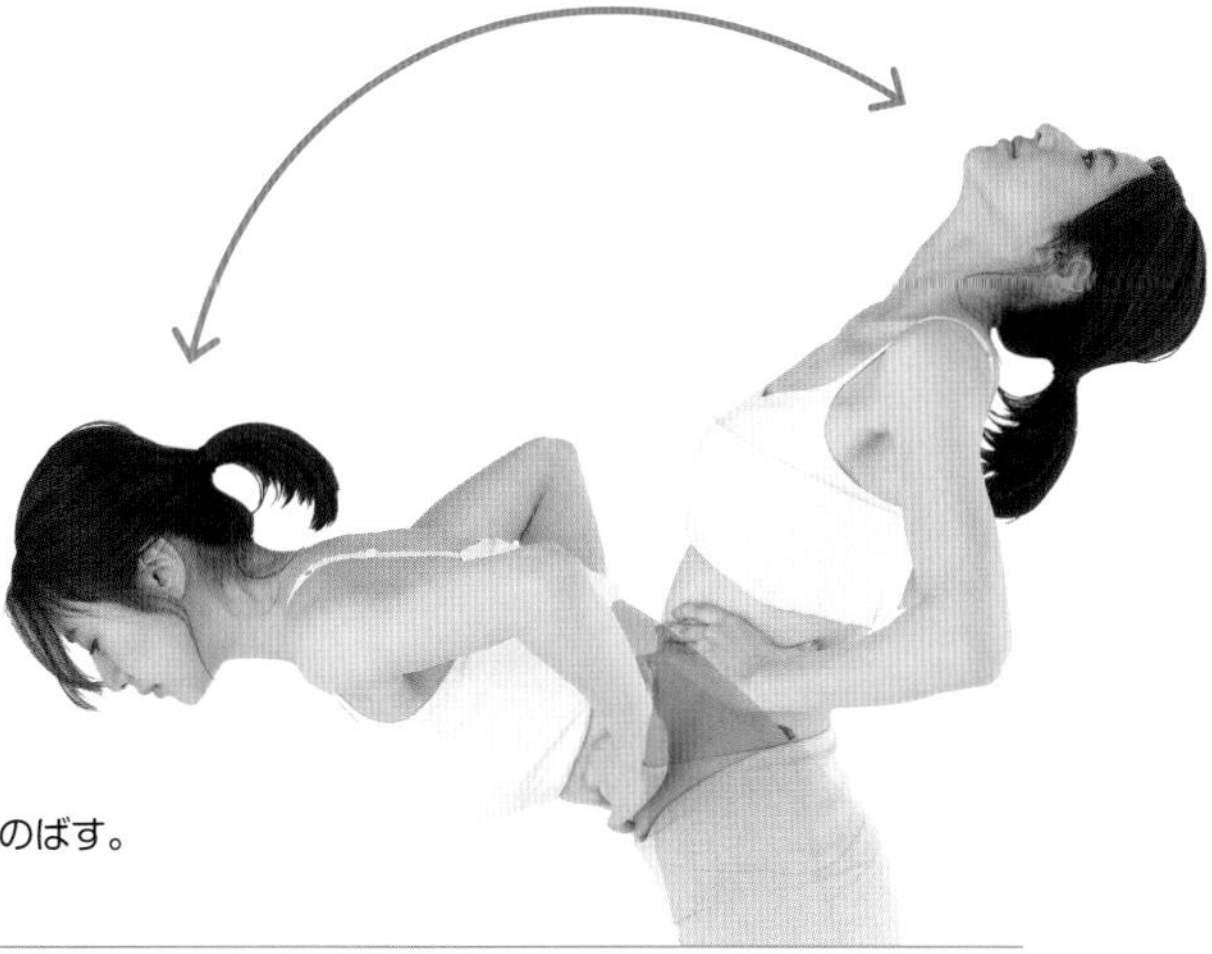

1.
押さえたまま
上体を前後に

肋骨のすそ部分を押さえたまま
上体を前後に倒し、お腹をしっかりのばす。
これを3回くり返す

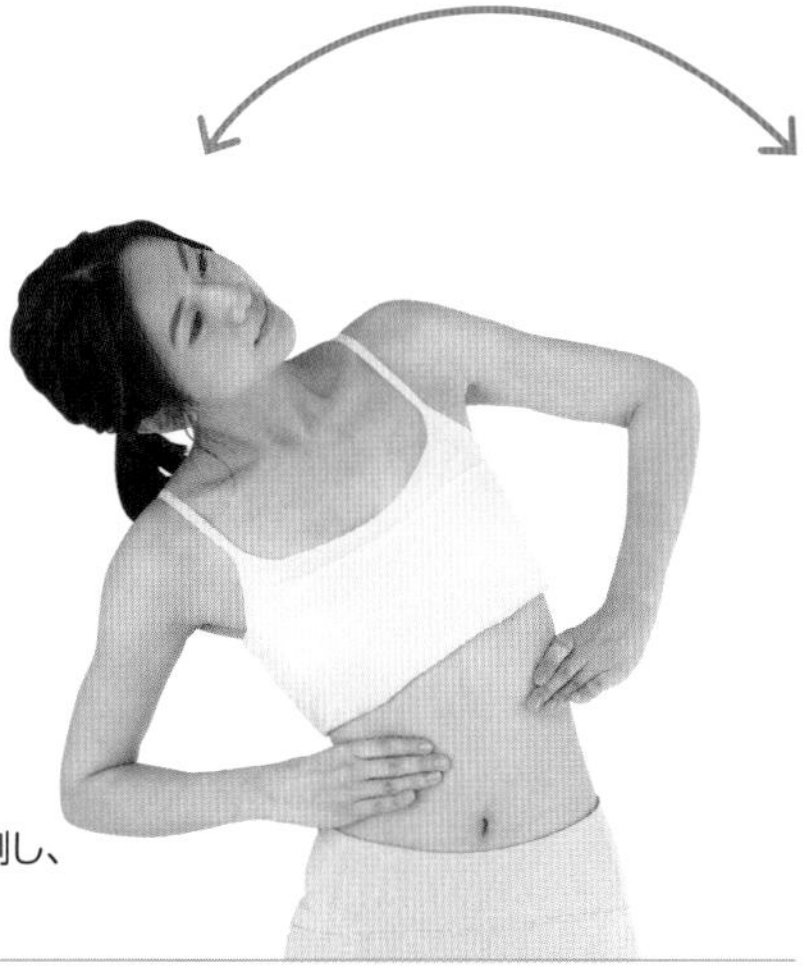

2.
押さえたまま
上体を左右に

両手で押さえているところを支点に体を真横に倒し、
わき腹をのばす。左右3往復行う

1分ねじれ筋のばしは猫背解消にも効く

関節の可動域が狭まり、筋肉がこり固まる原因の一つが猫背です。特にスマホやパソコンの画面を見る時間が長いと猫背になりやすいので、これは現代人の宿命かもしれません。

1分ねじれ筋のばしをすると、縮んでいた大胸筋がのびて肩甲骨が背骨側に寄り、肩まわりの動きがよくなります。その結果、姿勢が改善されて大胸筋も使いやすくなるのです。

大胸筋は、何十kgもの重りを持ち上げられるほどパワーがあるので、活用できるといろいろな動作が楽になります。さらに、大胸筋の下で肩甲骨を固定したり肋骨を動かしたりする小胸筋や、そのほかの肩まわりの筋肉も働くようになるので、自然と猫背が解消されていくわけです。

column

Chapter 5

1分ねじれ筋のばしを続けたら、こんなに変わりました！

体験談 50代

川西陽子さん（仮名）　55歳

こり固まっていた体がやわらかくなりウエスト7㎝減、体重10kg減に成功！

出産後の30代半ばから徐々に体重が増え始め、いつの間にか10kgほど増量していました。更年期を迎えたことで体質がガラッと変わり、太りやすくなった気がします。それと仕事がらパソコンの前に座っている時間が長いことも影響しているかもしれません。それでも自分が太っているとは思いたくなくて、体重計を遠ざけ、体形のことは考えないようにしていました。しかし試着で、選んでもらったサイズに体が入らないことをくり返し現実を突きつけられます。去年のジーンズが入らなくなって毎年のように買い替えるため、はけないジーンズは溜まる一方に。自分の太っていく過程を、はけないジーンズの山が物語っているようでした。

そんなときに教わったのが、1分ねじれ筋のばしです。**私の体は、今村先生の整骨院に来る患者さんのなかでもダントツに硬いそうで、最初は教わった動作がまったくできませんでした。**本来は体の力を抜いてリラックスして行う動作なのに、力ずくでやっていたそうです。それでも1日1回、お風呂上がりに大汗をかいて、精いっぱい続けていると、だんだん関節の可動域が広がってきました。最初は全然できなかった上体を前に倒す動作も、少しずつ遠い位置に手をついて、1分キープできるように。1か月かけて、ようやく人並みの柔軟性を取り戻せた気がします。

ウエストや太ももが大幅サイズダウン

かなりのマイナスの状態からスタートしたので、自分の体の変化が如実にわかり、それが継続のモチベーションになりました。特に股関節や肩甲骨は、動くようになったことで、逆に「いままでこんなに動いていなかったんだ！」とよくわかりました。

2か月後には、一つサイズダウンしたジーンズが楽にはけるようになり、職場の人たちに「スラッとしたね」といわれるように。続けるうちにウエストは7㎝もサイズダウンしました。それに伴い、体重は10㎏、体脂肪率は約7％も減りました。やせることを諦めていたのが嘘のようです。

今村先生から「食事は我慢せずに普段どおりに取ってください」といわれていたので、**食事は特に節制せず、好きな物を食べています。ただ、先生にすすめられて、水分はたっぷり取るようにしました。**

持病の腰痛が出たときは、腰にかかわるポーズを休んでいますが、姿勢や歩き方がよくなったことと体重が減ったことで、腰への負担が軽くなったのか、痛みも軽減しました。

何よりうれしかったのは、関節の可動域が広がって、体がやわらかくなったことです。1日の終わりに1分ねじれ筋のばしをすると、日中のパソコン作業でこり固まった体がほぐれて軽くなるし、とっても気持ちいい！　自分にできることを少しずつ続けただけで、大きな体の変化を感じられたので、これからも続けていきたいと思っています。

体験談・・・

40代

山野美恵さん（仮名）　47歳

3か月で体重は5kg減！ウエストは9cm減って下半身もすっきり

私は普段、事務仕事をしていて、1日の大半はパソコンに向かっています。さらにコロナ禍で在宅勤務になり、週に1～2回、出勤する程度だったので1日に1000歩も歩かない日が増えました。ずっと家にいるため、おそろしいことに手をのばせばいくらでも食べ物が…。また、5歳の息子は食が細く、息子の食べ残しを私が食べる習慣がついていました。動かないうえに食べていたため体重の増加は著しく、あっという間に5kg増。**特にお尻が大きくなり、パンツは入るものが見つからず…。「とにかくお尻が入れば買う」という状況**でした。この太る一方の暮らしをどうにかしたいと思っていたときに、通っている整骨院の今村先生から1分ねじれ筋のばしを教わりました。毎晩、子どもを寝かしつけてから1日1回、15分ほどかけて行うようにしたのです。

私は体が非常に硬いほうで、最初は前屈などの簡単な動作も全然できませんでした。ところが続けるうちに、だんだんとコツがつかめてきて動けるように。のばす筋肉を意識できたり、できなかった動作ができるようになったりしたのです。慣れてくると、テレビを見ながらでもできるようになりました。

最初の2〜3か月は体重が増えたのですが、体組成計ではかると、脂肪よりも重い筋肉が増えていただけなので、安心しました。4か月目からは体重がスルスル落ちてきて、この3か月で5kg減。同時に体脂肪率も約3％減りました。

パッパッだったパンツが難なくはけた

しかもウエストがとても細くなり9㎝もサイズダウン。数字以上に見た目の変化がすごく、大満足です。**ゾウのようにくびれがなかった足首がほっそりしてきて、アキレス腱までくっきり見えるようになりました。**むくみがちだったふくらはぎからひざ上も、すっきり。お尻も4㎝サイズダウンし、パツパツではちきれそうだったパンツがスルッとはけるようになりました。

これは、いつも体の外側の筋肉を使って歩いていたのが、インナーマッスルを使って歩けるようになったからだとか。肩が内側に入り腰は曲がっていたのも、お腹や体幹の筋肉で体を支えられるようになったことで姿勢がよくなりました！

私の人生はダイエットに始まりダイエットに終わるんじゃないかというくらい、これまでさまざまなダイエットをくり返してきました。炭水化物を抜いたり、食事を控えたりしても、その生活をずっとは続けられないので、結局リバウンド。その経験から、食べながらやせることが大切と気づき、いまは3食しっかり食べ、大好きな甘い物も食べ続けています。食事を変えなくていいのは、大きな利点ですね。

家で空いている時間にできて、簡単に覚えられる動作なのもうれしいところ。運動経験がある人なら拍子抜けするほど簡単だし、体が硬い私でもできたので、どんな人でも無理なくできると思います。

体験談 30代

若木美里さん　34歳

ひどい反り腰やアヒル体形から脱却！下腹部からふくらはぎが引き締まった

以前からお腹の筋肉が弱く、反り腰で骨盤にゆがみがあると指摘されていました。下腹部がポッコリと出ていてお尻も張り、太ももも前にせり出している、アヒルのような体形だったのです。

また、全身のむくみも気になっていました。お酒を飲んでいないにもかかわらず、朝起きたときに顔の輪郭やまぶたがむくんでパンパンになってしまうことが多くて。1日中立ちっぱなしの仕事をしていることもあり、夕方以降は脚のむくみにも悩まされてきました。

お通じは週2回、休日しかなくて便秘ぎみなのも嫌でした。そんなときに今村先生から1分ねじれ筋のばしを教わったので「せっかくだから、やってみよう」と思い立ちました。

最初の1～2か月は昼休みに10分くらいかけて、やっていました。その時間にできなかったときは夜にやって、毎日1回は行うように。**ずっと忙しくて自分の体のメンテナンスを放置していたため、最初のうちは体が硬くて思うように動かず、体のあちこちに激痛が走ったし筋肉痛にもなりました。**でも1～2週間続けるうちに体がだんだんやわらかくなり、関節の動く範囲もだいぶ広がっていったのです。やがて教えてもらった動作が、ひととおりできるようになりました。

そうして1か月経ったころ、顔の輪郭やまぶた、脚のむくみを感じなくなりました。1か月半後にはお通じの回数が週2回から3回になるなど、体調が確実に改善してびっくりしました。

ヒップアップして小尻になった

さらに下腹部がすっきりしてきて、鏡を見ても明らかにやせたのがわかりました。2か月後にはウエストが7㎝、体重は1・5kg減、体脂肪率は約2％減して体形は一変。

私はコンビニ食が大好きで、フライドチキンは毎日食べたいし、冷凍パスタ、ラーメンなども、いつもと変わらず食べています。**食生活を変えればもっとやせるのかもしれませんが、小学生のころからのひどい反り腰やアヒル体形が変わり、ほっそりとしてきたので大満足です。**ジーンズをはくたびにパツパツだった下腹部や太もも、ふくらはぎがすっきりし、すんなり入るのもうれしくてたまりません。まわりの人からも「お腹まわりがすっきりしたね」とよくいわれるように。垂れぎみだったお尻もキュッと引き上がり、小尻になりました。

6～7年前にギックリ腰になってから、立っていても座っていても何をするにもつきまとっていた腰痛もほとんど出なくなりました。

やせて身も心も軽くなったからか、男性からよく声をかけられるようになり彼氏もできました。途中でサボったこともあるし、食べる物も量も変えていないのに体形だけが激変したので、とても喜んでいます。

体験談 30代

三上貴子さん　31歳

お酒や甘い物をやめずにウエストやヒップ、太ももがしっかりサイズダウン

お腹や太もものサイズが気になっていたときに、今村先生に1分ねじれ筋のばしを教わりました。私はポーズを選んでやっているので、かかる時間は5分程度です。最初は関節の動きが悪くて、1分がとてつもなく長く感じられました。でも2週間もすると楽にできるようになり、1か月後には立ち方がすごく変わりました。以前はお腹を突き出して後ろに寄りかかるような姿勢だったのが、自然にお腹に力が入って、まっすぐ立てるようになったのです。

外反母趾でどんな靴を履いても親指の付け根が痛かったのが、いまはスニーカーなら問題なく履けるし、歩いていても痛みが出ず、楽になりました。

もちろん体形も変わりました。以前はプヨプヨだった横腹が、パッと見でわかるほどすっきり！ 1か月でウエストは5㎝、太ももは2㎝、ヒップは4㎝も減少。パンツをはいても太ももがピチピチだったのが、いまは1サイズ下でもスッと入ります。

私はお酒と甘い物が大好きで、ずっと飲んだり食べたりしてきたのにやせてリバウンドせず、体形を維持できています。食事をいっさい我慢することなく体形を変えられたのは、本当にうれしいです。

体験談 60代

渡辺佳代子さん　61歳

三段腹が凹んでウエストが23㎝減！ 股関節痛が解消し外出が楽しくなった

この15年で、体重が15kgくらい増えてしまいました。変形性股関節症を患って13年前と4年前に手術をしたこともあり、股関節が痛くて動けなくなったことが直接のきっかけです。また、食べることが大好きなので、おいしいものをたっぷり食べることはやめられず、当然体重は増加する一方でした。

お腹や背中にお肉がたっぷりついたことで、欲しいと思った服は試着しても入らないので、おしゃれを楽しめなくなりました。床の物を拾うときはお腹や胸がつかえてつらいし、草むしりをしようとしてかがむと、後ろに転んでしまうこともしばしば。でも太った自分を受け入れられず、体重計には乗らなくなったし、写真撮影は断固拒否。体重がマックスのころの写真は、ほとんどありません。**街のショーウインドウに映る自分の姿を見て、「よく肥えたおばさん」と衝撃を受けたことも多々ありました。**そんなときに1分ねじれ筋のばしを教わったのです。

やってみると意外と簡単だったため、「こんなことでやせるはずがない」と、もう完全に疑っていました。ダイエットは相当お金がかかるか、ハードな運動をしてつらい思いをするかのどちらかだと思っていたからです。

いまもほぼ毎朝実践していますが、週に1回くらいは忘れてやらないこともあります。最初は1分のばし続けるのは長く感じたものの、実践するたびに体はどんどんやわらかくなっていくのがわかりました。股関節もよく開くようになり前屈も深くできるようになるなど、体の変化が目に見えるので、達成感があり無理なく続けられています。

3週間でお腹のお肉が減少！

始めて3週間経ったころには、上体を前に倒すときにつかえていたお腹のお肉がなくなり、スムーズに曲げられるようになってびっくり。元は胃から下腹部が三段に出っ張り、ビア樽のようなお腹でした。続けるうちに、それが徐々に平らになって、いまでは凹んでいるほどです。ウエストのサイズは、この半年で23㎝も減少。洋服のサイズも、以前はＸＸＬだったのが、いまではＭが楽に入ります。好きな洋服を選べるようになり、試着して鏡を見ても自分のイメージどおりで、おしゃれをするのが俄然楽しくなりました。

ぴったりだったはずのバイクのフルフェイスのヘルメットも、夫の物を間違えてかぶったかと思うくらいブカブカになり、1サイズダウン。

顔がひとまわり小さくなり、久しぶりに会った友人から「顔が全然違うよ。何かした？」「やせて若くなったね」「時間と逆行しているみたい」と口々にいわれます。

最も太っていたときは66㎏、そこから少しやせても64㎏くらいあった体重は、いまでは56・8㎏に！体重の減少に伴い、体脂肪率も減りました。

不思議なのが、いつの間にか一度にたくさん食べなくてもすむようになったことです。食べるのが大好きなので、以前は丼のようなお茶碗にご飯を盛って完食していましたが、いまは普通サイズのお茶碗で十分満足しています。でも、好きなチョコレートやケーキなどの甘い物は我慢することなく食べ続けているんですよ。

ダイエットがうまくいっているだけでなく、体調もとてもよくて。いちばん太っていたときは、血圧が１４０㎜Hgくらいまで上がっていたのが、いまは１２０㎜Hgになり、正常値に近づきました。

便秘が解消して肌がきれいになり、背中や太ももにたくさん出ていた吹き出物も、すっかりなくなりました。

体幹の筋肉がついてきたせいか、以前は怖くてできなかった、椅子に上がって高いところの物を取ることもサッと楽にできます。何をするにも体のバランスを取るのが難しく、よく転倒したりしていたのが嘘のようです。単にやせられただけでなく、体の柔軟性やしなやかさ、バランス感覚を取り戻せたことが本当にうれしいですね。

体が軽くなったおかげで、股関節の調子もよく、どこまでも歩けるようになりました。以前は股関節が痛くて歩けなくなり、30分の犬の散歩にも行けなくなっていました。また、医師から「体重が増えると、股関節の痛みが出て人工関節の手術をしなくてはいけなくなる」という怖い忠告も。体重が１kg増えると、股関節には6倍の６kgの負荷がかかると聞かされました。実際、体重が増えたことで、股関節の痛みが出ていました。痛みへの恐怖から、大好きな外出や旅行ができなくなり「人生、終わったな」と非常に落ち込んだ時期も…。それだけにいまの体形や体調の変化には、感激しきりです。

おわりに

以前は、やせたいとだけ仰る方の来院をお断りしていました。

それは私が、痛みの緩和や体の機能を高めることに強いこだわりを持っていたからです。きっかけは学生時代、陸上競技の大切な試合をケガで諦めたチームメイトたちの姿を間近で見てきたことでした。早朝も夕方も、持てる時間すべてを捧げて毎日必死に練習してきたのに、その成果を試すことすらできないし記録も残らない。いま思い返しても、胸が締めつけられるような気持ちになります。

彼らが味わったような絶望を減らしたい一心で治療家を志した私は、高校在学中から整骨院の仕事に携わるようになりました。寝ても覚めても筋肉のことばかり考え、初めて恋人と手をつないだときも、緊張しながら母指内転筋と母指対立筋のボリュームを人差し指で密かに探っていたほどです。それからも筋肉の役割はなんなのか、関節の機能はどうあるべきか、もっと快適に体を使うにはどうすべきかを十数年、探求し続けました。

こんな私の考えを変えたのが、ある30代の患者さんとの出会いです。

彼女の体は、長時間のデスクワークによってひどい肩こりや腰痛、冷えなどを抱えボロボロ。見るからに疲れ果てていて、表情はすぐれません。人を拒絶するような無愛想さがあって、体はつねに緊張していたことをよく覚えています。慢性的な肩こりと腰からお尻にかけての痛みを治療してほしい、とのことでした。

関節可動域を回復させていくと、まずウエストが細くなりました。それだけで表情がよくなり、雰囲気も一変。施術中の会話も、ここが痛い、ここがつらい、これでイライラしているという内容から、週に1回の治療を重ねるごとに今日はこれから買い物に行く、チークの色を変えてみた、などに変化していきました。

腰からお尻にかけての痛みが消えるまでのあいだに、どんどん体脂肪が落ちていき、体形も着る服も髪型も、初めて来院されたときとは別人のよう。憧れのブランドのバッグを手に入れ、ハイヒールで通勤するようになったそうです。すべての治療を終えて、あとは2~3か月に一度のメンテナンス的な通院でも大丈夫な状態になったころ、彼女はいいました。

「私、太っていたことがずっとずっとコンプレックスで、男性の顔を見て話すことができなかったんです。でも、生まれて初めて彼氏ができました。先生が、やせたいなんてひと言もいってないのに、やせさせてくれたおかげです」

　そのときの笑顔を思い出すたびに、胸が熱くなります。

　ケガや痛みの治療と体の機能改善だけを考えて生きてきた私は、やせたいと心から願い、いくら頑張ってもやせられなかった方にとって、やせることには人生を一変させるほどの力があることを理解していませんでした。彼女の人生を大きく好転させるお手伝いができて本当にうれしかったですし、この出会いは生涯忘れないでしょう。

　ダイエットで食事制限をしていると、ついイライラして誰かに当たってしまう。我慢できずに食べて罪悪感に苛《さいな》まれる。運動を続けられない自分に嫌気がさし、まわりからは「またやせられなかったの？」といわれてしまう。エステに大金を払って体重が多少減っても、鏡を見ると何も変わっていなくてがっかりする…。ダイエットの失敗はとても傷つきますし、気合いだけではどうにもならないことは、彼女と出会った後に私も経験しているので、よくわかります。だからこそ、体形改善や産後ケアに特化したいまの仕事をゼロから始めましたし、そこで得た知見を集約し、頑張ってもやせられないことが当たり前になったような方が一人でも多く報われることを願って、本書をつくりました。

体が変われば、人生が変わります。

もしかしたら少し「キツい」と感じながらも、本書のダイエットに取り組んでくださっている方がいらっしゃるかもしれません。その挑戦を全身全霊で応援していますし、本書を選んでくださったことに、心から感謝申し上げます。

体は一生もので、どんなに痛んでも交換はできません。しかし、お手入れの仕方次第で日々、変化させることは可能です。24時間働いてくれている関節と筋肉のよりよい使い方を取り戻しましょう。そして、あなたらしさがあふれる美しさを取り戻し、思い描く体形に近づくことで、よりよい人生を手に入れて頂けますように。

本書が、あなたの笑顔を取り戻す一助となることを心から願っております。

最後までお読みくださり、ありがとうございました。

今村匡子

profile
今村匡子
いまむら・きょうこ

あさひ整骨院日本橋浜町院院長。柔道整復師、鍼灸師。

大阪府生まれ。陸上競技（中距離走）でのケガに苦しんだ中学生のころに体のメンテナンスに関心を持ち、さまざまなボディケアを学ぶように。２１歳より整骨院でのキャリアをスタートし、高齢者の術後リハビリに勤しむなか痛みやこりを生じにくくする体の使い方を模索。

２８歳からはビジネスパーソンの姿勢改善や不調緩和を施術のメインとし、痛みやこりが消えるだけでなく、なぜかやせると評判に。モデルやアスリートの顧客が増える。

３２歳からは女性の体形改善や産後ケアに特化した現職に。自身の妊娠・出産経験を活かし、年間産後ケア人数は６０００人を超える。

「やせたい」なんてひと言もいってないのにやせた1分ねじれ筋のばし

2021 年 7 月 25 日　初 版 発 行
2022 年 6 月 30 日　第 13 刷発行

著　　者　今村匡子
発 行 人　植木宣隆
発 行 所　株式会社サンマーク出版
〒 169-0075　東京都新宿区高田馬場 2-16-11
電話　03-5272-3166
印刷・製本　共同印刷株式会社

ISBN978-4-7631-3902-3　C2075
ホームページ　https://www.sunmark.co.jp